सम्पूर्ण कविताएँ

सम्पूर्ण कविताएँ

कुमार विकल

राजकमल प्रकाशन

पहला संस्करण 2013 में आधार प्रकाशन, पंचकूला से प्रकाशित

ISBN : 978-93-6086-194-0

मूल्य : ₹895

पहला संस्करण : 2024

प्रकाशक : राजकमल प्रकाशन प्रा. लि.
1-बी, नेताजी सुभाष मार्ग, दरियागंज
नई दिल्ली-110 002

शाखाएँ : अशोक राजपथ, साइंस कॉलेज के सामने, पटना-800 006
पहली मंजिल, दरबारी बिल्डिंग, महात्मा गांधी मार्ग, प्रयागराज-211 001
1, अनमोल सोराबजी सन्तुक लेन, धोबी तलाव, मरीन लाइंस, मुम्बई-400 002

वेबसाइट : www.rajkamalprakashan.com
ई-मेल : info@rajkamalprakashan.com

मुद्रक : बी.के. ऑफसेट
नवीन शाहदरा, दिल्ली-110 032

SAMPOORNA KAVITAYEIN
Poems by Kumar Vikal

धूपधर्मी कविताओं का कवि

कुमार विकल की काव्य-यात्रा बहुत लम्बी नहीं है। वह लगभग बीस वर्षों की है। सत्तर के दशक के आसपास से नब्बे के दशक के आरम्भिक कुछ वर्षों तक। उनकी कविताओं की संख्या भी बहुत अधिक नहीं है। उनके कुल तीन संग्रह हैं—'एक छोटी-सी लड़ाई' (1980), 'रंग ख़तरे में हैं' (1982) और 'निरुपमा दत्त मैं बहुत उदास हूँ' (1993)। ये तीनों संग्रह कुमार विकल के जीवन काल में छपे थे। उनकी मृत्यु के बाद 'चीख़' नामक उनका एक नाटक 'पल-प्रतिपल' (जून-सितम्बर 1997) में छपा है।

कुमार विकल की काव्य-यात्रा छोटी ज़रूर है, लेकिन सरल और सुविधाजनक नहीं। वे एक ऐसे समय और समाज में कविता लिख रहे थे जिसमें कविता या तो भाषिक छल के सहारे आत्मरति का साधन बनने को अभिशप्त रही है या फिर निरन्तर आत्म-बलिदान का माध्यम। कुमार विकल मानते थे कि 'कविता आदमी का निजी मामला नहीं है।' वे कविता की कला के प्रति अपनी ज़िम्मेदारी को अपने समय और समाज के शोषित और पीड़ित मनुष्य के प्रति नैतिक और मानवीय ज़िम्मेदारी से जोड़कर देखते थे, इसलिए वे अपनी काव्य-यात्रा में दोहरे संघर्ष का सामना कर रहे थे। वे एक ओर भारतीय समाज में जनतंत्र के नाम पर उग रहे वनतंत्र में बढ़ती दरिन्दगी के विरुद्ध संघर्ष कर रहे थे तो दूसरी ओर अपनी कविता को विश्वास भरी भाषा में अपने समय का अप्रिय सच कहने के लायक बनाने के लिए रचनात्मक संघर्ष कर रहे थे। इस दोहरे संघर्ष से पैदा होने के कारण ही उनकी कविता प्राय: आत्मा की चीख़ लगती है। यह कोई आश्चर्य की बात नहीं है कि अपनी काव्य-यात्रा के कठिन संघर्ष की प्रक्रिया से गुज़रते हुए कुमार विकल ने कविता की ज्योति को अपने जीवन की बाती सौंप दी।

कुमार विकल की कविताएँ शुरू से ही हिन्दी कविता के व्यापक पाठक समुदाय को आकर्षित करती रही हैं; सुधीजनों को ही नहीं, कविता-प्रेमी साधारण जनों को भी। उनकी काव्यानुभूति की विशिष्ट संस्कृति में ऐसा बहुत कुछ है जिससे उसकी

विशेष पहचान बनती है। उसमें एक ओर भारतीय समाज में क्रमश: बढ़ती मनुष्य-विरोधी स्थितियों की दहशत-भरी ख़बरें हैं, आम लोगों की ज़िन्दगी की यातनाओं की चिन्ता है, ख़ास लोगों के छल-छद्म की वास्तविकताएँ हैं, शोषित-पीड़ित मनुष्य के दुख-दर्द से गहरी सहानुभूति है, वामपंथी राजनीति और विचारधाराओं के संकटों की पहचान है और जन-जीवन की अदम्य जिजीविषा में अटूट आस्था है तो दूसरी ओर प्रकृति के रूप, रंग, रस, गंध आदि से सघन आसक्ति है और कोमल मानवीय भावों तथा सम्बन्धों की संवेदनशील पुनर्रचना भी।

कुमार विकल मूलत: धूपधर्मी कवि हैं। अपने जीवन के अन्तिम दिनों की एक कविता में उन्होंने ठीक ही लिखा है—

कुमार विकल
जिसकी जीवन-संध्या में अब भी
धूप पूरे सम्मान से रहती है
क्योंकि वह अब भी धूप का पक्षधर है।

कुमार विकल की काव्य-यात्रा में धूप हमेशा कविता के साथ रही है। वह 'चंबा की धूप' से 'धूपधर्म' तक फैली हुई है। इस बीच उसके रूप और रंग कई बार बदले हैं, लेकिन धर्म नहीं। उसका धर्म है हर तरह के अँधेरे के ख़िलाफ़ खड़ा होना और लड़ना। लेकिन अँधेरे के ख़िलाफ़ खड़े होने और लड़ने से पहले ज़रूरी है उसको पहचानना। वह पहचान कुमार विकल की कविताओं में है, इसलिए उनकी कविता, वास्तव में, अँधेरे से धूप के निरन्तर द्वंद्व की कविता है। निराला और मुक्तिबोध के बाद अँधेरे के विभिन्न रूपों की जैसी पहचान और उनसे संघर्ष की जैसी चिन्ता कुमार विकल की कविता में है वैसी हिन्दी के किसी दूसरे कवि की कविता में नहीं है।

कुमार विकल की अधिकांश कविताओं में किसी न किसी तरह के अँधेरे की ओर संकेत है और उससे संघर्ष की गहरी चिन्ता भी। उसमें अपने समय, समाज, व्यवस्था, राजनीति, विचारधारा, परिवार और व्यक्ति की चेतना में फैले अँधेरे के विभिन्न रूपों की खोज और पहचान है। उनकी कविता में कहीं अमानवीय व्यवस्था के आतंक के अँधेरे की शिनाख़्त है तो कहीं ख़ूँख़्वार सत्ता द्वारा दमन और उत्पीड़न के अँधेरे की। 'निरुपमा दत्त मैं बहुत उदास हूँ' की अनेक कविताओं में पंजाब में फैले आतंक और दहशत के घने अँधेरे के विभिन्न रूपों के बिम्बों और प्रतिबिम्बों की बहुलता है।

कुमार विकल के काव्य-संसार में अँधेरे के आतंक की अत्यन्त सघन और आवेगमयी अभिव्यक्ति उन कविताओं में है जिन्हें स्वयं कवि ने 'अँधेरे की कविताएँ' कहा है। इन कविताओं में आपातकाल के अत्यन्त भयावह अँधेरे को मूर्त रूप में

चित्रित किया गया है। 'ख़ूनी नदी की यात्रा', 'विपाशा', 'ट्रैफ़िक के नये क़ानून', 'जंगल क़ैद', 'इश्तहार' आदि कविताओं को पढ़ते समय ब्रेष्ट की अँधेरे समय की कविताएँ याद आती हैं। आपातकाल का समय सचमुच आतंककारी अन्धकार का समय था। वह उस समय के कवियों, लेखकों, कलाकारों और बुद्धिजीवियों की सामाजिक चेतना, मानवीय संवेदना और रचनात्मक साहस की परीक्षा का समय था। ऐसे समय के कवियों के सामने खड़ी चुनौती और उनसे भावी पीढ़ी की उम्मीद तथा निराशा के बारे में ब्रेष्ट ने लिखा है—

वे नहीं कहेंगे
कि वह समय अन्धकार का था,
वे पूछेंगे
कि उस समय के कवि चुप क्यों थे?

कुमार विकल की कविताएँ गवाह हैं कि वह अपने समय के किसी भी अँधेरे के बारे में चुप रहने वाला कवि नहीं है।

कुमार विकल की कविता अपने समाज की व्यवस्था और राजसत्ता के बढ़ते अँधेरे की खोज के साथ-साथ कवि की आस्था और विश्वास के केन्द्र—वामपंथी राजनीति और विचारधारा—में पलते और बढ़ते संशय और दुविधा के अँधेरे की भी पहचान करती है; क्योंकि उसमें दूसरों की आलोचना का स्वर जितना प्रखर है उतना ही अपनी और अपनों की आलोचना का भी। वैसे तो वामपंथी राजनीति और विचारधारा की विसंगतियों और कमज़ोरियों की आलोचना अनेक कविताओं में है, लेकिन उसका अत्यन्त प्रखर स्वर 'मुक्ति के दस्तावेज़' कविता में सुनाई देता है—

मुक्ति के लिए छटपटाता मेरा मन—
वामपंथी राजनीति के तीन शिविरों में भटकता है
और हर शिविर से—
मुक्ति का एक दस्तावेज़ लेकर लौटता है

और अब—
शिविर-दर-शिविर भटकने के बाद
कुछ ऐसा हो गया है
कि मुझसे मेरा बहुत कुछ खो गया है
मसलन कई प्रिय शब्दों के अर्थ
चीज़ों के नाम

सम्बन्धों का बोध
और कुछ-कुछ अपनी पहचान।

कुमार विकल ऐसी हर चीज़ की आलोचना करते हैं जो आदमी को कमज़ोर बनाती है, उसके मन में डर पैदा करती है; वह चाहे 'पार्टी में प्रतिबद्धता की वर्जनाएँ' हों या कुछ और। निर्मम और निर्भय आत्मालोचन का ऐसा स्वर हिन्दी के मुक्तिबोध और पंजाबी के कवि पाश की कविताओं में है।

कुमार विकल ऐसे कवि नहीं हैं जो सारी दुनिया के अँधेरे की चिन्ता करते हैं, और घर-परिवार के भीतर अनेक रूपों में मौजूद अँधेरे को भूल जाते हैं! घर आत्मीयता की जगह के बदले प्रायः यातना और घुटन का कँटीला बाड़ा बन जाता है। उसमें अगर पुरुष की तानाशाही का राज हुआ तो वहाँ स्त्री की ग़ुलामी का अँधेरा अत्यन्त घना और त्रासद होता है। तब स्त्री की 'ज़िन्दगी / अँधेरे से अँधेरे तक / रोशनी की एक छोटी-सी यात्रा' बन जाती है। ऐसे अँधेरे की पहचान 'एक गली का अँधेरा' में है। लेकिन भारतीय समाज, परिवार और परम्परा में स्त्री की ग़ुलामी, शोषण और दमन के विभिन्न रूपों की गहरी चिन्ता और इन सबसे स्त्री की मुक्ति की ज़ोरदार आवाज़ 'चीख़' नामक नाटक में व्यक्त हुई है।

कुमार विकल की कविता को अँधेरा किसी भी रूप में बर्दाश्त नहीं, यहाँ तक कि कविता की बनावट और भाषिक रचाव में आए बिम्बों का अँधेरा भी नहीं। यद्यपि ये कविताएँ जिस समय और समाज में पैदा हुई हैं उसकी छाप और छाया के रूप में काली हवाओं, अन्धी गुफाओं और वेगवती काली नदियों के बिम्ब बार-बार कविता में आते हैं, लेकिन कवि ऐसे बिम्बों से मुक्ति चाहता है—

मुझे लड़ना है—
अपनी ही कविताओं के बिम्बों के ख़िलाफ़
जिनके अँधेरे में मुझसे
ज़िन्दगी का उजाला छूट जाता है।

इस संकल्प से ऐसी कविता की कामना और समझ सामने आती है जो बिम्बों की बन्द दुनिया से निकलकर लोकगीतों की खुली दुनिया में लौटना चाहती है, वह मुट्ठी-भर रसिकों के हाथों से मुक्त होकर जनजीवन में रमना चाहती है—

मैं चाहता हूँ कि मेरी कविताएँ
माँ के गीतों की पंक्तियों में खो जाएँ
बन्द कमरों से खुले चौपालों में लौट आएँ।

कुमार विकल राजनीतिक कवि हैं; क्योंकि उनकी कविता पढ़ते हुए पाठकों को स्वाधीनता के बाद की भारतीय राजनीति की कुछ अत्यन्त भयावह वास्तविकताओं और त्रासद स्थितियों की संवेदनशील पहचान मिलती है। उनकी कविताओं में आपातकाल के गहरे आतंक के दिल दहलाने वाले चित्र हैं, नक्सलबाड़ी आन्दोलन के ख़ूँख़्वार दमन की विभीषिका की अभिव्यक्ति है और पंजाब में आतंक के राज से उपजी दहशत की ख़बरें। लेकिन इन सबका सामना करती हुई कविता कभी भी उम्मीद और संघर्ष की भावना से मुँह नहीं मोड़ती।

कुमार विकल राजनीतिक घटनाओं पर नहीं, उनके सामाजिक अभिप्राय, जनजीवन पर पड़ने वाले प्रभाव और मनुष्य के लिए उनके अर्थ की कविता लिखते हैं। वे प्राय: राजनीतिक व्यवस्था के अस्वीकारों और सत्ता के शिकारों के साथ गहरी सहानुभूति रखकर राजनीति के व्यवहारों की छानबीन करते हैं, फलत: कविता में राजनीति की विडम्बनाओं और उन विडम्बनाओं के कारण टूटते-बिखरते मनुष्य तथा मानवीय आकांक्षाओं की नियति और दुर्गति की अभिव्यक्ति होती है। वे किसी राजनीतिक घटना का ब्योरेवार वर्णन नहीं करते बल्कि उस घटना की तह में छिपे ऐसे सच की तलाश करते हैं जो सतह पर दिखाई नहीं देती। ऐसी राजनीतिक कविता अपने पाठकों से वैचारिक सहमति से अधिक संवेदनशील समझदारी की माँग करती है और पाठकों को समकालीन राजनीति के बारे में प्रचलित और प्रचारित अनेक प्रकार के भ्रमों से सावधान भी करती है।

आज़ादी के बाद भारतीय मध्यवर्ग का बहुत बड़ा हिस्सा अवसरवाद का शिकार हुआ है। ऐसे लोगों में सबसे बड़ी संख्या उनकी है जो बुद्धिजीवी कहे जाते हैं। वे समाज, संस्कृति और साहित्य में सब जगह सक्रिय दिखाई देते हैं। वे सुविधा के लिए दुविधा की भाषा बोलते हैं और सिद्धान्त की सीढ़ियाँ चढ़कर सफलता के सिंहासन पर पहुँचते हैं। उनके लिए राजनीति, विचारधारा, प्रतिबद्धता और आस्था आदि दुनियादारी के साधन हैं। वे दुनियादारी को ही समझदारी समझते हैं। आधुनिक हिन्दी कविता में इस अवसरवा़द की सबसे तीखी आलोचना मुक्तिबोध ने की है और कुमार विकल ने।

अवसरवाद छद्म और पाखंड के सहारे पलता है। कुमार विकल को हर तरह के छद्म और पाखंड से चिढ़ है; वह चाहे समाज में हो, साहित्य में हो या रचना की भाषा में। कुमार विकल ने अवसरवाद के बुनियादी कारण की ओर संकेत करते हुए ठीक ही लिखा है—

आदमी ने जाने हैं अब तक जितने ज़हर
उनमें से सबसे अधिक घातक है
सुरक्षा की एक छोटी-सी चाहत का ज़हर।

जो सुविधा की चिन्ता और सुरक्षा की चाहत के शिकार होते हैं उन्हें कुमार विकल 'तरक़्क़ी राम' कहते हैं। वह तरक़्क़ी राम क्या-क्या कर सकता है और कितनी भाषाएँ बोल सकता है, इसका पूरा ब्योरा 'शताब्दी का सबसे बड़ा जादूगर' कविता में है।

एक कवि होने के नाते कुमार विकल सबसे अधिक चिन्तित हैं कविता को अवसरवाद से बचाने के लिए। वे एक साधारण आदमी के अवसरवाद को तो दुनियादारी मानकर सह सकते हैं, लेकिन एक कवि के अवसरवाद को नहीं; क्योंकि जब कवि शब्दों का अवसरवादी उपयोग करता है तो वह शब्दों की सार्थकता और कविता की विश्वसनीयता के लिए ख़तरा साबित होता है। इसीलिए कुमार विकल कविता की दुनिया में फैलते अवसरवाद से लड़ने की बात करते हैं—

मुझे शब्दों की हिफ़ाज़त
अपने तरीक़े से करनी है
और पहली लड़ाई
उस आदमी के ख़िलाफ़ लड़नी है
जो शब्दों की अर्थवत्ता को तोड़ता है
और दूसरी उसके विरुद्ध
जो शब्दों की अर्थवत्ता को छोड़ता है।

कुमार विकल की काव्यानुभूति की संस्कृति की एक विशेषता स्मृति की रचनात्मक सम्भावना की खोज है। उसका एक रूप वहाँ दिखाई देता है जहाँ उनकी कविता आधुनिक हिन्दी कविता की प्रगतिशील परम्परा से कई रूपों में जुड़ती है। उसमें उस परम्परा की स्मृतियाँ और अनुगूँजें मौजूद हैं। वे स्मृतियाँ और अनुगूँजें उन कवियों की कविता की हैं जो कुमार विकल के समानधर्मा हैं। यह जुड़ाव कहीं प्रत्यक्ष है तो कहीं परोक्ष। नागार्जुन, केदारनाथ अग्रवाल और सर्वेश्वर की कविताओं की स्मृतियाँ प्रत्यक्ष हैं, लेकिन मुक्तिबोध की कविता की प्रतिध्वनियाँ परोक्ष रूप में हैं। मुक्तिबोध कुमार विकल को अपने समय और समाज के जीवन में गहराते अँधेरे के विभिन्न रूपों को देखने, समझने और पहचानने की दृष्टि देते हैं।

कविता में परम्परा की स्मृति तभी सार्थक होती है जब वह नई रचनात्मक सम्भावना के विकास में मदद करती है। 'एक सामरिक चुप्पी' में नागार्जुन की कविता की स्मृति कुमार विकल की राजनीतिक सजगता को अधिक व्यापक और धारदार बनाती है तो केदारनाथ अग्रवाल की कविता उन्हें 'रंग ख़तरे में हैं' जैसी कविता लिखने की प्रेरणा देती है। सर्वेश्वर की कविता से कुमार विकल के विचारों को नई ताक़त मिलती है।

कुमार विकल की कविता में हिन्दी के जिन कवियों की रचनाओं की स्मृतियाँ और अनुगूँजें हैं उनकी कविता की जड़ें अपने-अपने जनपदों की लोक-संस्कृतियों और लोक-भाषाओं में गहरे स्तर पर दूर-दूर तक फैली हुई हैं। नागार्जुन, केदारनाथ अग्रवाल और मुक्तिबोध की कविता के रचाव में मिथिला, बुंदेलखंड और मालवा की लोक-संस्कृतियों और लोक-भाषाओं की शक्ति तथा सौन्दर्य का सर्जनात्मक उपयोग अनेक रूपों में हुआ है। ऐसे में यह स्वाभाविक ही है कि कुमार विकल की कविता अपनी जड़ें पंजाब के लोकजीवन, उसकी संस्कृति और भाषा में फैलाए।

कुमार विकल ने ठीक ही लिखा है कि 'पंजाबी भाषी होते हुए भी मैं हिन्दी कविता की मुख्यधारा से जुड़ा हुआ हूँ।' जैसे मुक्तिबोध मराठी भाषी होते हुए भी हिन्दी कविता की मुख्यधारा के प्रमुख कवि हैं वैसे ही कुमार विकल पंजाबी भाषी होते हुए भी हिन्दी के विशिष्ट कवि हैं। कुमार विकल की काव्यानुभूति की संस्कृति में पंजाबीपन अनेक रूपों में है। उसमें पंजाबी की प्रकृति से जुड़ी संवेदनाएँ हैं, वहाँ के जन-जीवन की वास्तविकताएँ हैं, उसकी लोक-संस्कृति की ध्वनियाँ हैं और पंजाबी भाषा की कहन शैली की विशेषताएँ हैं। कुमार विकल का पंजाबीपन किसी भी तरह उनकी कविता के हिन्दीपन को सीमित नहीं करता; बल्कि उसे एक ठोस आधार देता है, जहाँ स्थानीयता की ज़मीन पर हिन्दी कविता खड़ी दिखाई देती है। उनकी कविता में पंजाबीपन और हिन्दीपन की सर्जनात्मक एकता वैसी ही आकर्षक है जैसी कृष्णा सोबती की कहानियों और उपन्यासों में। कुमार विकल ने मुक्तिबोध की तरह अपनी मातृभाषा की मदद से हिन्दी काव्य-भाषा की सर्जनात्मक क्षमता और व्यंजना शक्ति को बढ़ाया और व्यापक बनाया है।

कुमार विकल ने कुछ ऐसी कविताएँ लिखी हैं जो हिन्दी कविता की परम्परा में बेजोड़ हैं। उदाहरण के लिए मृत्यु पर उनकी 'महाश्वेता', 'तय तो बहुत कुछ था', 'मृत्यु-गंध', 'मृत्यु-द्वार' और 'महाअन्धकार' जैसी कविताएँ। कहा जाता है कि मृत्यु भाषा के परे होती है, और जो भाषा के परे हो उसे भाषा में बाँधना और व्यक्त करना कैसे सम्भव होगा। लेकिन जब मृत्यु कवि की आँखों में आँखें डालकर उसे लगातार घूर रही हो तो वह उसे कैसे भूल सकता है। कुमार विकल के समाज और निजी जीवन में मृत्यु निरन्तर मौजूद थी; कहीं साक्षात् यथार्थ के रूप में तो कहीं दुःस्वप्न की तरह, कहीं किसी की स्मृति बनकर तो कहीं सम्भावना के रूप में। कुमार विकल की काव्य-यात्रा मृत्यु के भयावह वातावरण के बीच चलने वाली बीहड़ यात्रा है। वह नक्सलबाड़ी आन्दोलन के साथ शुरू होकर उसके ख़ूँख़्वार दमन और आपातकाल के आतंक को पार करती हुई पंजाब में आतंकवाद के दौर में मृत्यु के तांडव के आमने-सामने चलती रही है। ऐसी स्थिति में मृत्यु से कुमार विकल की कविता की मुठभेड़ आकस्मिक नहीं, स्वाभाविक ही है।

मृत्यु का अँधेरा और उसकी छाया 'एक छोटी-सी लड़ाई' में भी है, लेकिन

वह छाया 'रंग ख़तरे में हैं' तथा 'निरुपमा दत्त मैं बहुत उदास हूँ' में क्रमश: गहरी होती दिखाई देती है। मृत्यु से सम्बन्धित सबसे अधिक कविताएँ 'निरुपमा दत्त मैं बहुत उदास हूँ' में हैं; क्योंकि उन कविताओं के रचनाकाल में ही मृत्यु से कवि और कविता की मुठभेड़ सबसे अधिक भीषण थी। उस समय कवि अपने परिवेश और जीवन में भी मृत्यु की तेज़ आहटें लगातार सुन रहा था। उसी समय कवि ने 'मृत्यु-गंध', 'मृत्यु-द्वार' और 'महाअन्धकार' जैसी कविताएँ लिखी हैं। ये कविताएँ मृत्यु से एक प्रेमिका की तरह साक्षात्कार और साक्षात्कार की सम्भावनाओं की कविताएँ हैं। इनमें दूसरे कवियों की तरह मृत्यु के बारे में कोई दार्शनिक मुद्रा नहीं है। पहले की एक कविता 'महाश्वेता' में मृत्यु को चुनौती देने और उसे अपनी जिजीविषा से पराजित करने का विश्वास है, लेकिन बाद की कविताओं में मौत से मुलाक़ात के सम्मोहक अनुभव और प्रभाव की मूर्त ऐन्द्रिक बिम्बों में अभिव्यक्ति है। कवि कहीं भी मृत्यु से आतंकित और विचलित नहीं है, वह उसकी 'भयानक रमणीयता' पर चकित ज़रूर है—

मृत्यु-गंध कैसी होती है
यदि जानना चाहते हो
तो
मेरे पास आओ
बैठो
थोड़ी देर में जान जाओगे
मृत्यु-गंध कैसी होती है
वह एक ऐसी ख़ुशबू है
जो लम्बे बालों वाली
एक औरत के ताज़ा धुले बालों से आती है
तब आप उस औरत का नाम याद करने लगते हैं
लेकिन उसका कोई नाम नहीं!

कुमार विकल कविता पर मुग्ध ऐसे कवि नहीं हैं जो कविता की वेदी पर समाज और सामाजिकता की बलि चढ़ा देते हैं। वे कविता की ताक़त जानते हैं, इसलिए नये अनुभव, नये अर्थ और नये भाषिक रचाव के लिए संघर्ष करनेवाली कविताएँ लिखते हैं, लेकिन वे अपने समय और समाज में कविता के प्रभाव की सीमाएँ भी पहचानते हैं, इसलिए 'अपनी कविता से बाहर' 'कविता से कोई बड़ा हथियार' गढ़ने की बात करते हैं। बाद के दिनों में कुमार विकल महसूस करने लगे थे कि कविता के जीवन से अधिक व्यापक, जटिल और कठिन है जीवन की कविता। तभी उन्होंने लिखा था—

जीवन-भर की व्यथा-कथा को
कविता में कहना चाहा था
एक सुलगते वन का मैंने
महाकाव्य लिखना चाहा था
लेकिन प्रभुजी, महाकाव्य से
जीवन जंगल बहुत बड़ा था
और हमारा जीवन-जल भी
धीरे-धीरे सूख चला था।

कविता को अपना पूरा जीवन सौंप देने वाले एक कवि की यह पारदर्शी ईमानदारी क्या वर्तमान समय में कविता की विडम्बनापूर्ण स्थिति की द्योतक नहीं है? कविता के बारे में कवि की यह भावना 'रंग ख़तरे में हैं' के एक नास्तिक के प्रार्थना गीत खंड की सभी कविताओं में कई रूपों में मौजूद है। ये कविताएँ अपनी बनावट और आकांक्षा में ऐसी हैं जिन्हें कवि के शब्दों में 'शरारती कविता' कहा जा सकता है। इनमें भाव कबीर जैसा है और बयान का अन्दाज़ ग़ालिब का-सा। ये नितान्त निजी रूप में लिखी अत्यन्त सार्वजनिक कविताएँ हैं। हिन्दी में ऐसी कविताएँ लिखने का साहस केवल कुमार विकल ने किया है।

कुमार विकल की कविता एक बेचैन मन की कविता है, इसलिए वह प्रत्येक संवेदनशील पाठक को भी बेचैन करने वाली कविता है। कविता की बेचैनी समकालीन स्थितियों और समस्याओं के प्रति गहरी संवेदनशीलता से पैदा हुई है। उन्होंने 'डरा हुआ आदमी' कविता में ही लिखा है—

इस घातक व्यवस्था में हर पतली त्वचा वाला आदमी अरक्षित है
देखना तो यह है कि कौन बैसाखियों के सहारे जीता है
और कौन बिना बैसाखियों के
अपने नंगे शरीर से, किसी सुखद या दुखद अन्त तक जूझता है।

कुछ रचनाकार समकालीन समस्याओं और तात्कालिक अनुभवों से अपनी रचनाशीलता को बचाते हैं; क्योंकि उनके अनुसार जब वे स्थितियाँ बदल जाएँगी और समस्याएँ सुलझ जाएँगी तब उनसे जुड़ी रचनाएँ भी निरर्थक हो जाएँगी। इसीलिए वे अपनी रचनाओं की शाश्वतता के लिए कभी व्यक्ति-मन की अनजानी गहराइयों में उतरते हैं तो कभी शाश्वत समझे जाने वाले विषयों की ओर लपकते हैं। इस प्रवृत्ति के ठीक विपरीत कुमार विकल अपने समय और समाज के मनुष्य की ज़िन्दगी की पीड़ा, उसकी यातना, उसकी आस्था के विघटन और उसकी जिजीविषा से एकता अनुभव करते हुए जो बेचैनी महसूस करते हैं उसे कविता में व्यक्त करते हैं। कुमार विकल की बेचैनी जितनी राजनीतिक है उतनी ही नैतिक भी। वे एक ओर भारत

में फैलते वनतंत्र में साधारण आदमी को लगातार असुरक्षित देखकर बेचैन होते हैं तो दूसरी ओर सुरक्षा की चाहत के शिकार मनुष्य की मरती हुई मनुष्यता भी उन्हें बेचैन करती है!

कुमार विकल की कविताओं का पाठक यह अनुभव करता है कि हम एक ऐसी मनुष्य-विरोधी व्यवस्था में जी रहे हैं जो लगातार असामाजिक मनुष्य पैदा कर रही है और वे असामाजिक मनुष्य व्यवस्था और पूरे समाज को अधिकाधिक मनुष्य विरोधी बनाने में लगे हुए हैं। इस दुश्चक्र में व्यक्ति की सामाजिकता और उसकी मानवीयता हमेशा ख़तरे में है। इस स्थिति का बोध कराती हुई कुमार विकल की कविता पाठक को एक ओर बेचैन करती है तो दूसरी ओर उसे सामाजिक रूप से संवेदनशील बनाती है। आज के समय में किसी कवि और कविता की सामाजिक सार्थकता इससे अधिक और क्या होगी!

—मैनेजर पाण्डेय

भारतीय भाषा केन्द्र
जवाहरलाल नेहरू विश्वविद्यालय
नई दिल्ली-110 067

क्रम

निरुपमादत्त मैं बहुत उदास हूँ

बायस्कोप

एक रोज़ बचपन में मैंने ज़िद की थी
बायस्कोप देखूँगा
माँ ने मुझको सहज भाव से फुसलाया
"बिस्तर में, तकिये के नीचे मुँह रख
आँखें बन्द करके
चंदा मामा के घर में
चरखा कात रही बुढ़िया के बारे में सोचो
तब जो देखोगे उसको बायस्कोप कहते हैं।"

मैं अबोध था
समझा यही बायस्कोप है
और रात सोने से पहले
बिस्तर में तकिये के नीचे मुँह रख
आँखें बन्द करके मैंने
चंदा मामा के घर में
चरखा कात रही बुढ़िया के बारे में सोचा
तब मैंने देखे—
बादल भैया के घोड़े
आइसक्रीम खाते हुए परियों के बच्चे
चाकलेट और टाफी के डिब्बों से भरा पड़ा बौनों का देश
मेरा बायस्कोप कितना अच्छा था
रोज़ रात सोने से पहले देखा करता
तब बचपन था,
किन्तु आज जब बचपन अँधेरे कमरे में खोई सूई के समान है

अक्सर अधसोई रातों को
बिस्तर में अर्थहीन सोचा करता हूँ
लेकिन अब—
चंदा मामा के घर में
चरखा कात रही बुढ़िया
और बादल भैया के घोड़े नज़र नहीं आते
अब तो घर के ईंधन,
दफ़्तर की फ़ाइलों के नीचे
दबे पड़े
कटे हुए पंख नज़र आते हैं
जो पीड़ा देते हैं,
पलकें गीली कर जाते हैं,
अधसोई रातें इसी सोच में कट जाती हैं—
मैंने बचपन में ज़िद क्यों की थी
माँ ने क्यों मुझको झूठा बायस्कोप देखना सिखलाया था?

चम्बा की धूप

ठहरो भाई,
धूप अभी आएगी
इतने आतुर क्यों हो
आख़िर यह चम्बा की धूप है—
एक पहाड़ी गाय—
आराम से आएगी।

यहीं कहीं चौगान में घास चरेगी
गद्दी महिलाओं के संग सुस्ताएगी
किलकारी भरते बच्चों के संग खेलेगी
रावी के पानी में तिर जाएगी।
और खेलकूद के बाद
यह सूरज की भूखी बिटिया
आटे के पेड़े लेने को
हर घर का चूल्हा चौखट चूगेगी।

और अचानक थककर
दूध बेच कर लौट रहे
गुज्जर-परिवारों के संग,
अपनी छोटी-सी पीठ पर
अँधेरे का बोझ उठाए,
उधर—
जिधर से उतरी थी

चढ़ जाएगी—
यह चम्बा की धूप—
पहाड़ी गाय।

एक पहाड़ी यात्रा

बहुत पीछे छोड़ आया हूँ
अपने शरीर से घटिया शराब की दुर्गंध
जिससे उड़ गए हैं मेरे डर
तुच्छताएँ, कमीनापन

चट्टान से फूटा है झरना
बह गया मेरा अकेलापन

सुरमई आकाश के नीचे
कौन है अकेला
कौन है निस्संग

जब तक बहता है झरना
और मँडराती है
मेरे जिस्म के आसपास
एक पहाड़ी क़स्बे की गंध
मैं नहीं अकेला
मैं नहीं निस्संग

शहर को लौटूँगा तो
ले जाऊँगा
पलकों के बटुओं में सुरमई आकाश
थर्मस में झरने का जल
और जिस्म में एक पहाड़ी क़स्बे की गंध।

शहर का नाम

दुनिया का सबसे सुखी आदमी—
सूअर
और दुखी जानवर
आदमी

प्रार्थनागृहों में
दुखी जानवर प्रार्थनाएँ करते हैं
सुखी आदमी बनने के लिए—
—कि शहर का नाम जंगल हो
आदमी के बस मुखौटे हों
सुविधाएँ सभी सूअर की हों
जिससे जंगल में ख़ूब मंगल हो
इसी मंगल-व्यवस्था के लिए
राजसत्ता से कारख़ानों तक
पूजागृहों से शराबख़ानों तक
एक सुखी आदमी दनदनाता है
योजनाएँ बनाता है
शहर में जंगल की सुविधाएँ जुटाता है।

जंगल बनाम जंगल

मैं इस इमारत के निकट से नहीं गुज़रूँगा
इस इमारत में एक काला गैंडा रहता है
जो मेरे शरीर की गंध पाकर बाहर निकल आएगा
मैं उससे बचने के लिए भागूँगा
बेतहाशा दौड़ूँगा
एक इमारत से दूसरी इमारत तक
एक नगर से दूसरे नगर तक
एक जंगल से दूसरे जंगल तक

सच, कितना अजीब लगता है
जब आदमी
शहरी इमारतों से भा़गकर जंगल की ओर जाता है
किन्तु यह भी सच है
कि सरकारी इमारतों में जो जंगल उग रहे हैं
उनमें पुराने जंगलों से कहीं अधिक दहशत है

और यह भी सच है
कि इन जंगलों में काले गैंडों की एक नस्ल पैदा हो रही है
और नई तरह के नरभक्षी वृक्ष उग रहे हैं
जो आदमी को अपनी लपेट में नहीं लेते
बल्कि जिनकी दहशत से रक्तचाप बढ़ जाती है
'ब्रेन-हेम्रेज' होते हैं
और हृदयगति रुक जाती है

एक मंज़िल से दूसरी मंज़िल की ओर
सरकती हुई लिफ़्ट अचानक रुक जाती है
मुझे हर हालत में इस लिफ़्ट से बाहर रहना है
और अपनी देह को उस हत्या से बचाना है
जिसके बाद आदमी फ़ाइलों के धर्म तो निभाता है
किन्तु उसकी देह का हर धर्म छूट जाता है

बहुत कुछ याद रहता है
सिर्फ़ अपना नाम भूल जाता है
नहीं मैं इस इमारत के निकट से नहीं गुज़रूँगा।

डरा हुआ आदमी

लाल ईंटों वाली विशाल इमारत के सामने खड़ा एक आदमी
कुछ इस तरह सोचता है
कि इन दीवारों के पार शायद कोई बोधि-वृक्ष होगा।
और जब वही आ़दमी उस इमारत से बाहर आता है
तो ज़ोर से चिल्लाता है
कि अस्पतालों में बोधि-वृक्ष नहीं उगते
और डरे हुए आदमी का कोई मसीहा नहीं होता।
एक डरा हुआ आदमी जब अस्पतालों में भटकता है
तो डाक्टरों की मौखिक सहानुभूति
या 'ट्रेंक्वलायज़र्स' की बैसाखियाँ ले के लौटता है।

अस्पताल तो केवल मरीचिकाएँ हैं
और नींद की गोलियाँ मात्र सम्भावनाएँ

डर तो मेरे भीतर उगा हुआ एक पौधा है
जिसको मेरा सारा परिवेश सींचता है—
दफ़्तर में बॉस
घर में परिवार
कॉफ़ी-हाउस में दोस्त
पार्टी में प्रतिबद्धता की वर्जनाएँ
मंडियों में सिमटती चीज़ों की बढ़ रही क़ीमतें
और सड़क पर हज़ारों लाखों उदास चेहरे।

इस घातक व्यवस्था में हर पतली त्वचा वाला आदमी अरक्षित है
देखना तो यह है कि कौन बैसाखियों के सहारे जीता है
और कौन बिना बैसाखियों के
अपने नंगे शरीर से, किसी सुखद या दुखद अन्त तक जूझता है।

गोदो की प्रतीक्षा में

गोदो!
तुम कभी नहीं आते।
हम सभी जानते हैं,
तुम कभी नहीं आओगे।
फिर भी हम सभी तुम्हारी प्रतीक्षा में रहते हैं।

सुनते हैं, तुम भेड़ों के मालिक हो,
दूर चरागाहों में रहते हो,
और तुम्हारी श्वेत धवल दाढ़ी बहुत भली लगती है।
तुम कब आओगे—
बेकारों को रोज़गार, भूखों को रोटी
उम्र क़ैदियों को छुट्टी, बच्चों को चाकलेट—
और कॉफ़ी-हाउस में बैठे लोगों के बिल दे जाओगे।

इसीलिए तो—
फ़ुटपाथों पर बैठे मज़दूर
रेलपुलों पर ऊँघ रहे भिखमंगे
जेलों में चक्की पीस रहे क़ैदी
गलियों में खेल रहे बच्चे
कॉफ़ी-हाउसों में मेज़ों पर झुके हुए चेहरे
हर आहट पर चौंक-चौंक जाते हैं
लेकिन...
तुम कभी नहीं आते।

हम सभी जानते हैं,
तुम कभी नहीं आओगे,
फिर भी हम तुम्हारी प्रतीक्षा में रहते हैं
क्योंकि तुम हर रोज़ हमें
कल आने का सन्देश भेजते रहते हो।

[गोदो' सैम्यूल बैकेट के नाटक 'वेटिंग फार गोदो' का प्रमुख पात्र है। सारे नाटक में गोदो मंच पर नहीं आता।]

ध्रुवांतर

मैं खुले विस्तार की हर चीज़ को निहारता
विमुग्ध, आत्म-विभोर
जीने के कर्म से अभिभूत
सारी दिशाओं में फैलकर
किसी एक बिन्दु पर सिमटी हुई गंध
परिवेश के हर पेड़-पौधे को समर्पित।
किन्तु तुम
संत्रस्त—अपने आपसे भयभीत,
                    आतंकित
अपने नरक में अभिशप्त
टोकरी में बन्द साँप
ज़हर की अभिव्यक्ति को आतुर
कौन कहता है कि हम जुड़वाँ सहोदर
और केवल भ्रम यह ध्रुवांतर?

मसखरा

मैं सरकस में एक मसखरा हूँ
रंग-बिरंगे कपड़े, बेढंगी-सी लम्बी टोपी
रोज़ दर्शकों के सामने आता हूँ
सिर के बल चलता
टाँगों से ढोल बजाता हूँ
एक पहिये वाली साइकिल हाथ छोड़कर
रोज़ चलाता हूँ
दो पहियों वाली साइकिल से अक्सर गिर जाता हूँ
हाथी के पेट में घुसने का दावा करता हूँ
हाथी के आने पर केवल उसकी पूँछ हिला पाता हूँ

सरकस के हर करतब में अपनी टाँग अड़ाता हूँ
अरबी घोड़े की दुलत्ती से दूर भागता हूँ
और यही हरकतें
पिछले कई बरस से दुहराता आया हूँ
एक समय था, लोग हँसी से लोट-पोट हो जाते थे
तालियाँ पीटते, धूम मचाते थे
लेकिन अब लोग नहीं हँसते
(शायद यह मेरा भ्रम हो
या हँसी की मुद्राएँ बदल गई हों)
लोग नहीं हँसते
सीटियाँ बजाते हैं
आपस में बातें करते हैं
मेरे वापिस जाने की राह देखते हैं

लेकिन मैं फिर भी—
सीटियों, अर्थहीन आवाज़ों के शोर में—
अपनी फूहड़ हरकतें
बिना खेद के बार-बार दुहराता हूँ
शायद किसी दिन,
कोई एक दर्शक
मेरी किसी एक हरकत पर
सहसा निमिष मात्र मुस्करा दे
और मैं अपने फूहड़ कार्य को अर्थ दे सकूँ।

एक आदिम ईश्वर की हत्या

मैंने सोचा था एक छोटे-से घर में
साधारण आकांक्षाओं के बीच
ज़िन्दगी गुज़ार दूँगा
और उस आदमी की हत्या के बारे में भूल जाऊँगा
जो मैंने की तो नहीं

किन्तु एक अपराध-भावना से पीड़ित हूँ—
कि शायद उस हत्या में मेरा भी कहीं हाथ था
वह आदमी कौन था, नहीं जानता
किन्तु उसकी प्रेतात्मा ने
मेरे विरुद्ध एक षड्यंत्र रचा हुआ है
मेरे घर को भुतैला खँडहर बना दिया है
मेरी आकांक्षाओं पर प्रेतों के चेहरे लगा दिये हैं

और जब कभी सोते में
एक खुरदरी हथेली के दबाव से जाग उठता हूँ
तो एक क्षण के लिए महसूस होता है
कि वेगवती काली नदी के बहाव में
मेरा शरीर डूबता जा रहा है
मैं—जैसे कोई अशरीरी अस्तित्व
अन्धे जल की गहराई से बुदबुदाता हूँ
और अपनी समूची जिजीविषा को
साक्षी मानकर कहता हूँ
कि अपनी चेतन अवस्था में
मैंने कोई हत्या नहीं की
हाँ, कभी मेरे किसी पूर्वज ने
एक आदिम ईश्वर की हत्या ज़रूर की थी।

दुखी दिनों में

दुखी दिनों में आदमी कविता नहीं लिखता
दुखी दिनों में आदमी बहुत कुछ करता है
लतीफ़े सुनाने से ज़हर खाने तक
लेकिन वह कविता नहीं लिखता।

दुखी दिनों में आदमी
दिन की रोशनी में रोने के लिए अँधेरा ढूँढ़ता है
और चालीस की उम्र में भी
माँ की गोद जैसी
कोई सुरक्षित जगह खोजता है।

दुखी दिनों में आदमी बहुत कुछ सोचता है
मसलन झील के पानी की गहराई
और शहर की सबसे बड़ी इमारत की मंज़िलें
और साथ ही साथ
एक ख़ामोश भाषा में चीख़ता है
कि उसके सारे प्रियजन
झील पर एक मज़बूत बाँध बनकर खड़े हो जाएँ
और इमारत में चलती लिफ़्ट को रोक लें
लेकिन प्रियजन तो पेड़ होते हैं।
छाया देते हैं
हवा से दुलरा सकते हैं
बाँध नहीं बन सकते।

बाँध तो आदमी ख़ुद ही बनता है।

दुखी दिनों में आदमी
एक मज़बूत या कमज़ोर बाँध तो बनता है
लेकिन कविता नहीं लिखता।

मिथक

मैं बाहर आता हूँ।
भीतर लड़ते-लड़ते मैं थक गया हूँ
अब मैं बाहर आता हूँ।
मेरे नंगे अरक्षित शरीर को
एक सुरक्षित जगह की ज़रूरत है।

अकेला आदमी जब
एक तंत्र के ख़िलाफ़ लड़ता है
तो अपने सारे हथियारों के बावजूद
एक काले पहाड़ से
निहत्थी लड़ाई ही करता है
और अन्त में एक दिन
अपने ही लहूलुहान चेहरे से डरता है।

एक तरह छोटी-छोटी अकेली लड़ाइयाँ लड़ते हुए
कितने ही हाथों से हथियार छूट जाते हैं
और एक फ़ैसलाकुन लड़ाई से पहले ही
कितने बुलन्द हौसले टूट जाते हैं
इन्हीं टूटे हुए हौसलों से
अरक्षित आदमी का जन्म होता है
और जब एक अरक्षित आदमी
एक इमारत से दूसरी इमारत
एक शहर से दूसरे शहर
एक शिविर से दूसरे शिविर तक
भटक रहा होता है

तो दुश्मन आराम से सोता है।
वह अरक्षित आदमी की नियति को जानता है
उसकी सारी सम्भावनाओं को पहचानता है।
वह सिर्फ़ एक सम्भावना से डरता है
और उसे टालने के लिए
कई मिथकों की रचना करता है
जैसे जनता एक अंधी भीड़ है
जैसे भीड़ में आदमी अकेला है
जैसे भीड़ से मरे हुए आदमी की गंध आती है
जैसे भीड़ पशुओं का एक मेला है।

मैं इन सभी मिथकों को तोड़ूँगा
और अपने नंगे अरक्षित शरीर को
हज़ारों लाखों करोड़ों लोगों से जोड़ूँगा।

अब मेरे सामने—
हज़ारों लाखों हमदर्द चेहरे हैं
जो मेरे नंगे शरीर की हिफ़ाज़त कर रहे हैं
और दुश्मन के ख़िलाफ़—
एक सामूहिक लड़ाई की तैयारी कर रहे हैं।
जनता एक बरगद है
जिसकी घनी छाँह में
सुरक्षा-बोध होता है
जनता एक जंगल है
जिसमें कोई 'प्रथम पुरुष'
क्रान्ति-बीज बोता है।

जनता एक बहुमुखी तेज़ हथियार है
जो अकेली लड़ाइयों को आपस में जोड़ता है
दुश्मन के व्यूहचक्रों को तोड़ता है।
जनता एक आग है
जो राजमहल जलाती है
ठंडे घरों में कच्ची रोटियाँ पकाती है।
जनता एक दरिया है

जो काले पहाड़ को
तोड़ तोड़ आता है
गुरिल्ला नदियों के संग
क्रान्ति-गीत गाता है।
जनता असंख्य आँखों
वाली अदम्य शक्ति है
'मिथकों' की रचना—
हताश मन की अभिव्यक्ति है।

यह सब कैसे होता है

मैंने चाहा था कि मेरी कविताएँ
नन्हे बच्चों की लोरियाँ बन जाएँ
जिन्हें युवा माँएँ
शैतान बच्चों को सुलाने के लिए गुनगुनाएँ।

मैंने चाहा था कि मेरी कविताएँ
लोकगीतों की पंक्तियों में खो जाएँ
जिन्हें नदियों में मछुआरे
खेतों में किसान
मिलों में मज़दूर
झूमते गाएँ।
किन्तु मेरी कविताओं की अजीब ही धुन है
खुले विस्तार से बन्द कमरों की ओर जाती है
उजली धूप में रहकर
अँधेरे के बिम्ब बनाती है
मैं हैरान हूँ कि मेरी कविताएँ
काली हवाओं के बिम्ब कहाँ से लाती हैं
अंधी गुहाओं की हिमशिलाएँ
और वेगवती काली नदियाँ कहाँ से आती हैं।
किस प्रक्रिया से शहर
        जंगल में बदल जाते हैं।
जिनमें हिंसक जानवर दहाड़ते हैं।

मैं समझना चाहता हूँ यह कैसे होता है।
                    यह सब कैसे होता है

जब दुनिया आराम से सो रही होती है
तब नींद की दुनिया से दूर—
मेरा हमनाम एक आदमी
अन्तर्यात्राएँ कर रहा होता है
हर यात्रा के बाद
वह आदमी मुझे बताता है
कि इन यात्राओं में—
मैंने कोई काली हवा नहीं देखी
किसी काली नदी में नहीं तैरा
किसी जंगल या अंधी गुहा में नहीं भटका
मैं भटका हूँ इसी कुटिल नगरी के तहख़ानों में
जहाँ आदमी के ख़िलाफ़ साजिशें होती हैं।
हर यात्रा में मुझे बड़ी-बड़ी इमारतें मिलती हैं
जहाँ कोई गोली नहीं चलती
कोई बम नहीं फूटता
किन्तु जहाँ मुर्दा-गाड़ियाँ हर रात आती हैं
ज़ाहिर है, कुछ रहस्यमयी हत्याएँ होती हैं।

इन इमारतों में मुझे
दनदनाता हुआ।
एक हिंसक, जानवरनुमा आदमी मिलता है
जिसके हाथों में ख़ज़ानों की चाबियाँ
और कुटिल नगरी की काली योजनाएँ होती हैं।
मेरा हमनाम मुझे बहुत कुछ बताता है
कि जब वह इन यात्राओं से लौटता है
तो एक जंगल-सी दहशत उसे महसूस होती है
और उसे—
मेरी कविताओं के बिम्ब याद आते हैं।

मैं उसकी अन्तर्कथाओं से डर गया हूँ
और एक ठंडे आतंक से भर गया हूँ।
नहीं, मुझे अपनी कविताओं में हिमशिलाओं
अंधी गुहाओं
और काली हवाओं के स्रोत नहीं ढूँढ़ने हैं

मैं सिर्फ़ इन चित्रों, बिम्बों से मुक्ति चाहता हूँ
मैं इनकी अंधी दुनिया से निकलकर
लोकगीतों की खुली दुनिया में लौटना चाहता हूँ
मेरी माँ इन्तज़ार में होगी।
मैं माँ के चेहरे की झुर्रियों पर
एक महाकाव्य लिखना चाहता हूँ।

मेरी माँ का चेहरा
गोर्की की 'माँ' से मिलता है
और अब भी उसका खुरदरा हाथ
कुछ इस तरह से हिलता है
कि जैसे दिन भर की मशक़्क़त के बाद
वह, 'त्रिजन' में कोई लोकगीत गा रही हो।
मैं चाहता हूँ कि मेरी कविताएँ
माँ के गीतों की पंक्तियों में खो जाएँ
बन्द कमरों से खुले चौपालों में लौट आएँ।

एक छोटी-सी लड़ाई

मुझे लड़नी है एक छोटी-सी लड़ाई
एक झूठी लड़ाई में मैं इतना थक गया हूँ
कि किसी बड़ी लड़ाई के क़ाबिल नहीं रहा।

मुझे लड़ना नहीं अब—
किसी छोटे क़द वाले आदमी के इशारे पर—
जो अपना क़द लम्बा करने के लिए
पूरे देश को युद्ध में झोंक देता है।

मुझे लड़ना नहीं—
किसी प्रतीक के लिए
किसी नाम के लिए
किसी बड़े प्रोग्राम के लिए
मुझे लड़नी है एक छोटी-सी लड़ाई
छोटे लोगों के लिए
छोटी बातों के लिए।

मुझे लड़ना है एक मामूली क्लर्क के लिए
जो बिना चार्जशीट के मुअत्तिल हो जाता है
जो पेट में अल्सर का दर्द लिये
जेबों में न्याय की अर्ज़ी की प्रतिलिपियाँ भरकर
नौकरशाही के फ़ौलादी दरवाज़े
अपनी कमज़ोर मुट्ठियों से खटखटाता है।
मुझे लड़ना है—

जनतंत्र में उग रहे वनतंत्र के ख़िलाफ़
जिसमें एक गैंडानुमा आदमी दनदनाता है।

मुझे लड़ना है—
अपनी ही कविताओं के बिम्बों के ख़िलाफ़
जिनके अँधेरे में मुझसे—
ज़िन्दगी का उजाला छूट जाता है।

मुक्ति का दस्तावेज़

मैं एक ऐसी व्यवस्था में जीता हूँ
जहाँ मुक्त ज़िन्दगी की तमाम सम्भावनाएँ
सफ़ेद आतंक से भरी इमारतों के कोनों में
नन्हे ख़रगोशों की तरह दुबकी पड़ी हैं।
और मुक्ति के लिए छटपटाता मेरा मन—
वामपंथी राजनीति के तीन शिविरों में भटकता है
और हर शिविर से—
मुक्ति का एक दस्तावेज़ लेकर लौटता है।

और अब—
शिविर-दर-शिविर भटकने के बाद
कुछ ऐसा हो गया है
कि मुझ से मेरा बहुत-कुछ खो गया है
मसलन कई प्रिय शब्दों के अर्थ
चीज़ों के नाम
सम्बन्धों का बोध
और कुछ-कुछ अपनी पहचान।

अब तो हर आस्था गहरे संशय को जन्म देती है
और नया विश्वास अनेकों डर जगाता है।

संशय और छोटे-छोटे डरों के बीच जूझता मैं—
जब कभी हताश हो जाता हूँ
तो न किसी शिविर की ओर दौड़ सकता हूँ

न ही किसी दस्तावेज़ में अर्थ भर पाता हूँ।
अब तो अपने स्नायुतंत्र में छटपटाहट ले
इस व्यवस्था पर—
केवल एक क्रूर अट्टहास कर सकता हूँ।

अगली ग़लती की शुरुआत

ग़लती की शुरुआत यहीं से होती है
जब तुम उनके नज़दीक जाते हो
और कबाड़ी से ख़रीदे अपने कोट को
किसी विदेशी दोस्त का भेजा तोहफ़ा बतलाते हो
लेकिन वह बहुत शातिर हैं
तुम्हारे कोट की असलियत को पहचानते हैं
वे सिर्फ़ चाहते हैं
कि तुम उसी तरह
अपनी असलियत को छिपाते जाओ
और कभी कपड़े उतारकर नंगे न हो जाओ।
वे नंगे आदमी से बहुत डरते हैं
क्योंकि नंगा आदमी बहुत ख़तरनाक होता है
इसलिए वे तुम्हारी ओर—
दोस्ती के दस्तानों वाले अपने पंजे बढ़ाते हैं
और तुम—
दोस्ती के लालच में उनके पंजों के नाख़ूनों को नज़रअन्दाज़ कर देते हो

क्योंकि उस वक़्त तुम्हारी नज़रें
डाक्टर लाल के बँगले के आमों पर होती हैं
और त्रिपाठी जी के नाश्ते के बादामों पर होती हैं
और वे कुटिलता से मुस्करा रहे होते हैं
कि तुम्हारी आँखों में लालच है
और मुँह में पानी है
वे जानते हैं, कमज़ोर आदमी की यही निशानी है।

वे जानते हैं, तुम्हारी क़ीमत थोड़ी-सी शराब है
और एक टुकड़ा कबाब है;
कि तुम्हें उनकी गाड़ियाँ अच्छी लगती हैं
कि उनकी बीबियों की साड़ियाँ अच्छी लगती हैं
कि तुम अपना ग़ुस्सा कविता में उतारकर ठंडे हो जाओगे
लेकिन ज़िन्दगी में कभी नंगे नहीं हो पाओगे
यहाँ तक कि अपने जिस्म की खरोंचें भी छिपाओगे।

इसलिए मौक़ा लगते ही वे
अपने पंजों से दोस्ती के दस्ताने उतारकर
तेज़ नाखून तुम्हारे जिस्म पर गाड़ देते हैं।

और उस रात
जब तुम हताश होकर
अपने बिस्तर में छटपटाते हो
तो बूढ़े पिता की याद करके बहुत रोते हो
तुम्हें अपने मज़दूर भाई की याद आती है
और गाँव-गाँव की बातें बहुत सताती हैं।

उस घड़ी तुम
आँसुओं की कमज़ोर भाषा में
कुछ मज़बूत फ़ैसले करते हो
और अपनी कायरता के नर्म तकिये में
मुँह रखकर सो जाते हो।

अगली ग़लती की शुरुआत
यहीं से होती है।

दीवार के इस पार, उस पार

सुरक्षा की एक छोटी-सी चाहत में
नींद और जागरण के बीच भटकते हुए
हर रात मैंने की हैं अनेक यात्राएँ
हर यात्रा के अन्त पर मिलती है मुझे
धरती से आसमान तक उठी हुई
एक अभेद्य काली दीवार,
जिससे टकराकर हताश
मैं लौटा हूँ बार-बार।
किन्तु अचानक मिल गया है मुझे एक जादुई मंत्र
जिससे खुल गया है मेरे लिए
दीवार के उस पार का तंत्र
जब से पहुँचा हूँ दीवार के इस पार
मेरे शरीर में रच गया है समझौतों का ज़हर
मेरी शिराओं में बहने लगा है चापलूसी का रक्त
मैं महसूस करता हूँ—
निकट आ गया है मेरी कुत्ताफ़ज़ीहत का वक़्त
मुझे अच्छी लगने लगी हैं
देशभक्त कवियों की कविताएँ
गुदाज जिस्म सम्भ्रान्त महिलाएँ
अफ़सरनुमा लोगों के फूहड़ लतीफ़े
और ज़िन्दगी में तरक़्क़ी करने के तरीक़े।
मेरे परिचितों की सूची में हो रही है
तरक़्क़ीपसन्द लोगों की भरमार,
जिनकी एक जेब में अमरीका का वीज़ा

दूसरी में माओ की लाल किताब।
इस रहस्यमय तंत्र में
जब मैं मरूँगा एक कुत्ते की मौत
तो दीवार के इस पार
कोई नहीं करेगा मेरी लाश को स्वीकार।
हाँ, दीवार के उस पार
तराई के जंगलों में
ठिठुरती रातों में भटकते हुए
गुरिल्ला नौजवानों का एक दस्ता
मेरी मौत पर रखेगा एक छोटा-सा प्रस्ताव,
कि आदमी ने जाने हैं अब तक जितने ज़हर
उन में सबसे अधिक घातक है
सुरक्षा की एक छोटी-सी चाहत का ज़हर।

विपथगामी

वापसी असम्भव तो नहीं
मुश्किल ज़रूर है
तुम—
जो नर्म लोगों के गर्म कमरों की सुविधाओं में फँस रहे हो
नहीं जानते
कि धीरे-धीरे
एक ऐसी दलदल में धँस रहे हो
जिसके नीचे एक मृत्यु-क्षण तुम्हारी इन्तज़ार में है।
उस मृत्यु-क्षण तक पहुँचने के बाद
तुम दलदली अँधेरे में
एक प्रेत-पुरुष की तरह मँडराओगे
और तब—
तुम कुमार विकल के नाम से नहीं जाने जाओगे
तुम्हारा नाम एक भद्दी गाली में बदल जाएगा
और तुम्हारे प्रियजन तुम्हें स्वीकार करने से इनकार कर देंगे।

तुम्हारे वे नौजवान साथी
जिनसे तुम पानी की मशकें लेकर जल्दी लौट आने का
वादा करके आए थे
अपने होंठों में भद्दी गाली को बुदबुदाकर
उस रेगिस्तान को लौट जाएँगे
जहाँ तुम लोग
एक महापुल बना रहे थे।
पुल तो तुम्हारे बिना भी बन जाएगा

लेकिन तुम्हारे नाम से जुड़ी गाली को
कौन मिटा पाएगा।
समय है कि तुम
इन कमरों से बाहर आ जाओ
और अपने नये ख़रीदे जूतों को
दलदल में छोड़कर
उस रेगिस्तान को लौट जाओ
जहाँ तुम्हारे साथी
पानी की मशकों के इन्तज़ार में होंगे।

वापसी

मैं अपने मुहल्ले को वापस जाऊँगा
राजपथ की चकाचौंध से दूर—
ऊँघती बस्ती में।
पुराने घर के बन्द कमरों में
नई ढिबरी जलाऊँगा
पुरानी किताबों को झाड़कर सजाऊँगा
दीवार पर नया कैलेंडर लगाऊँगा
और धीरे-धीरे
धनिया धोबिन
लच्छू लोहार
कानू किरानी
और चतुरी चमार की दुनिया में डूब जाऊँगा।
राजपथ की वनतंत्री व्यवस्था में
मैं अकेला और अरक्षित हूँ
मेरे स्नायुतंत्र पर भय और आतंक की कँटीली
झाड़ियाँ उग आई हैं
जिन्हें काटने के लिए सख़्त हाथों के साथ-साथ
खुरदरे शब्दों की ज़रूरत है।

इन झाड़ियों को काटने के लिए
ठीक हाथों और ठीक शब्दों की तलाश में
मैं होरी किसान और मोचीराम के पास जाऊँगा।
मैं अपने मुहल्ले को वापस जाऊँगा।

राजपथ की तिलिस्मी दुनिया में
मैं अकेला और अरक्षित हूँ
मेरे राजपंथी दोस्त जो हाथों में सम्बन्धों की मशालें
लिये फिरते थे
अपने-अपने वर्गों के अँधेरे में खो गए हैं
और सुरक्षित हो गए हैं
हर आदमी का वर्ग उसकी सुरक्षा का घेरा है
मैं भी अपने घेरे में लौट जाऊँगा।
और अब—
जब कभी राजपथ पर आऊँगा
अकेला नहीं
पूरे मुहल्ले के साथ आऊँगा।

एक गली का अँधेरा

[दिवंगत पिता के प्रति]

पिता! मैं तुमसे बहुत दूर चला आया था
तुम्हारे घर में एक निम्न वर्ग के परिवार का पूरा अँधेरा था
जिसमें माँ—
एक ख़ामोश दीये की तरह जलती थी
और घर के अँधेरे को दूर करने का यत्न करती थी।
फिर भी हमारी किताबों के ज़्यादा हिस्से
अक्सर अँधेरे में रहते थे
और ज़िन्दगी की तख़्ती पर लिखाई करते हुए
बहुत से अक्षर हमसे छूट जाते थे।

हर रात तुम्हारा घर
एक शराबी के क़दमों की तरह
लड़खड़ाता था
और रामायण पर झुका हुआ माँ का चेहरा
अचानक काँप जाता था।
उस समय सारे घर में
उस पावन किताब से केवल—
यही शब्द गूँजते थे
'ढोल, गँवार, शूद्र, पशु, नारी...'
और बिस्तर में दुबके हुए बच्चों को महसूस होता था
कि घर की दीवारें गिर रही हैं
एक भूकम्प आ रहा है।
उसी किसी एक भूकम्प के दौरान मैंने

ज़िन्दगी की सबसे पहली गाली
और सबसे पहली प्रार्थना
एक साथ सीखी।
गाली तुम्हारे लिए
प्रार्थना माँ के लिए
गालियाँ और प्रार्थनाएँ
एक साथ बुदबुदाते हुए
मेरे लिए
दुनिया का सबसे आत्मीय चेहरा
धीरे-धीरे अजनबी बनता गया
और मेरे छोटे-छोटे प्रश्नों के साथ
एक बहुत बड़ा प्रश्न जुड़ता गया—
क्या आदमी के लिए घर ज़रूरी है?

मैंने सोचा, मैं यायावर बन जाऊँगा
लेकिन ज़िन्दगी—
जो अँधेरे से अँधेरे तक
रोशनी की एक छोटी-सी यात्रा है,
तुम्हारे घर के अँधेरे में नहीं बिताऊँगा।

पिता! मैं तुमसे बहुत दूर चला आया
और यायावरी करता हुआ
शहर-दर-शहर भटकता रहा
निओन बत्तियों की रोशनी में
बचपन में छूटे अक्षरों को
ठीक ढंग से पढ़ने-लिखने की कोशिश करता रहा,
लेकिन तुम्हारे घर का चिर-परिचित अँधेरा
मेरी आँखों के कोने में कहीं अटका रहा।
निओन बत्तियों की रोशनी में भी
मुझसे बहुत से अक्षर छूट जाते रहे,
और लिखते समय—
अक्सर उनके रूप टूट जाते रहे।
टूटे हुए अक्षरों में, पिता!
घर के अँधेरे के ख़िलाफ़

तुम्हें एक शिकायत-भरा ख़त तो लिखा जा सकता था
किन्तु कोई अग्नि-शब्द नहीं रचा जा सकता
जो मेरी आँखों में
एक लैम्प-पोस्ट की तरह जले।
नहीं, यह लैम्प-पोस्ट
मेरी आँखों में नहीं,
मेरे घर की गली में जले।
जहाँ किसी एक सीलन भरे कमरे में
मेरी हमउम्र कम्मो
सिलाई मशीन से लड़ते-लड़ते
वक़्त से पहले ही
अपनी आँखों की आधी रोशनी खो चुकी होगी
और मेरी माँ की तरह
एक दीये-सी जल रही होगी
घर के अँधेरे को दूर करने का
यत्न कर रही होगी।
शहर-दर-शहर भटकने के बाद
गली के लिए इस प्रार्थना से
मैं इतना अभिभूत हो उठा
कि मैंने सोचा—
क्या आदमी लैंप-पोस्ट नहीं बन सकता?
और पिता! मैं तुम्हारे प्रति
सारी शिकायतों को भूलकर
गली के अँधेरे में लौट आया,
लेकिन जब—
मैं गली में प्रवेश-द्वार से दाख़िल हो रहा था
तो तुम—
गली के दूसरे छोर से बाहर जा रहे थे।

दिल्ली-दरवाज़ा

जंगल में आग लगने की ख़बर आई है
और सरकारी आदेश से
दिल्ली-दरवाज़ा बन्द कर दिया गया है,
क्योंकि यह भी ख़बर आई है
कि आग जंगल से शहर की ओर बढ़ रही है।

वैसे तो इस तरह की आग जंगल में अक्सर
लगा करती है
और राजमहल ख़ामोश रहता है
सिर्फ़ दरवाज़ा बन्द कर दिया जाता है
लेकिन इस बार
राजमहल से घोषणा हुई है
कि यह आग शहर से भागे कुछ ख़तरनाक
लोगों ने लगाई है
इसलिए यह आग शहर की ओर बढ़ रही है
और शहर सुरक्षित नहीं है।

दरवाज़ा खोलो!
शहर के एक हिस्से से शोर दिल्ली-दरवाज़े की
ओर बढ़ रहा है
दरवाज़ा खोलो!
हमें आग की ज़रूरत है
हमारे हिस्से के शहर में कभी आग नहीं जलती
सिर्फ़ राजमहल की आग की आँच पहुँचती है

इसलिए हमारी रोटियाँ कच्ची रह जाती हैं
हमारे कपड़े देर से सूखते हैं
हमारी नसों में दौड़ता ख़ून जम जाता है
हमारे ख़ून के ख़िलाफ़
यह राजमहल की एक साजिश है
कि हमें आग नहीं
आग का भ्रम दिया जाता है
और जब कभी आग जंगल में लगती है
तो शहर की सुरक्षा के नाम पर
शहर का दरवाज़ा बन्द कर दिया जाता है।

और हम आग की प्रतीक्षा में
प्रार्थना की मुद्रा में
अपने ठंडे घरों में दुबके हुए
बुदबुदाते रहते हैं—
सिमसिम खुल जा सिमसिम खुल जा
लेकिन हमारी कच्ची रोटियाँ
अधसूखे कपड़े
और रीढ़ की हड्डियों में ठिठुरते डर—
साक्षी हैं :
किसी मंत्र से राजतंत्र का दरवाज़ा नहीं खुलता।
अगर आग को शहर में लाना है
तो सिमसिम की मुद्रा को छोड़ना होगा
इस बन्द दरवाज़े को तोड़ना होगा।

जन्म शताब्दियों वाला वर्ष

आज जब मेरे देश के सम्भ्रान्त लोग—
गुरुओं महात्माओं की जन्म शताब्दियाँ मनाने के
धंधे में लग रहे हैं
मैं एक अदना आदमी की भूख का पर्व मनाने के लिए
अपने वक़्त की सबसे भद्‌दी गाली ईजाद करने में
व्यस्त हूँ

वे लोग कितने ख़ुश हैं
जो अभी भी
ख़ूबसूरत लिपियों में
अपनी प्रेमिकाओं को पत्र लिखते हैं
या प्रियजनों को
नये वर्ष की शुभकामनाएँ भेजते हैं
मेरे लिए भाषा का इस्तेमाल केवल
गालियाँ ईजाद करने के लिए रह गया है।

गालियाँ—
उन सम्भ्रान्त लोगों के लिए
जो ठीक दिशा में दौड़ते हुए
अदना आदमी का रास्ता रोकने के लिए
गुरुओं महात्माओं की अश्लील मूर्तियाँ गढ़ रहे हैं
किन्तु भूख के पाँव इतने सशक्त होते हैं
मूर्तियाँ तोड़कर निकल जाते हैं
सम्भ्रान्त लोगों के लिए गालियाँ छोड़ जाते हैं

ज़ाहिर है गालियाँ गोलियाँ नहीं होतीं
फिर भी सम्भ्रान्त लोग
इन गालियों से इतने पीड़ित हैं
कि अपनी सुरक्षा के लिए गोलियाँ जुटा रहे हैं।

पुल पर आदमी

आदमी की अरक्षा की भावना का
मूल स्रोत कहाँ है
इसके बारे में आपको कोई मनोवैज्ञानिक
या समाजशास्त्री बेहतर बता सकता है।

कवि तो केवल
एक अरक्षित आदमी का बिम्ब पेश करता है।

लेकिन जब
उसकी कविताओं का मूल्यांकन
पुलिस करने लगती है
और वह महसूस करता है
कि उसकी कविताएँ
किताबें
और प्रियजनों के ख़त तक सुरक्षित नहीं।

और वह अपनी ताज़ा कविता या दिनचर्या में
किसी फूल का नाम नहीं ले सकता
किसी नदी में तैर नहीं सकता
किसी शराबी की आँखों में झाँक नहीं सकता।

क्योंकि फूल बारूदी दुर्गंध फैला सकते हैं
नदी गुरिल्ला बन सकती है
लैम्प-पोस्ट के नीचे खड़ा शराबी

शहर का सबसे ख़तरनाक आदमी हो सकता है।

तब
वह ज़रूर एक समाजशास्त्री के पास जाता है
और एक विश्वास लाता है
कि कविता आदमी का निजी मामला नहीं
एक दूसरे तक पहुँचने के लिए एक पुल है।

अगर पुल पर चलता हुआ आदमी ही सुरक्षित नहीं
तो पुल बनाने की क्या ज़रूरत है

वक़्त आ गया है
कि वही आदमी पुल बनाएगा
जो पुल पर चलते आदमी की हिफ़ाज़त कर सकेगा।

एक गाँव का नाम

वह आधी रात गए
इस शहर में आता है
जब लोग
दिन-भर की पराजय से पीड़ित
बिस्तरों में तकियों से लड़ रहे होते हैं
या कामयाबी के नशे में धुत्त होते हैं
वह शहर की दीवारों पर पोस्टर चिपकाता है
और घरों के दरवाज़ों पर एक गाँव का नाम लिख जाता है
सुबह जब लोग उठते हैं
तो सारे शहर में
एक दहशत-सी फैल जाती है
लोग चुप हैं
कोई किसी से कुछ नहीं कहता
घरों, होटलों, दफ़्तरों की
दीवारों पर
गुप्तचर कान उग आए हैं
लेकिन स्कूल से लौटकर मेरा बच्चा
जब अपनी भूगोल की पुस्तक में
उस गाँव का नाम नहीं ढूँढ़ पाता
तो मुझसे पूछता है
कि यह गाँव देश के नक़्शे पर क्यों नहीं है
मैं बहुत डर गया हूँ
और चुप हूँ

जबकि मैं जानता हूँ
छह अक्षरों वाला

छोटा-सा शब्द
सिर्फ़ एक गाँव[1] का नाम नहीं
पूरे देश का नाम है।

1. नक्सलबाड़ी

सहयात्री

तुम्हारी दिशा उधर
मेरी दिशा इधर
इसीलिए तुम सोचते हो हम,
दो अलग दिशाओं के यात्री हैं,
पर मेरा विश्वास है कि हम—
दो अलग दिशाओं की ओर
चलते हुए भी सहयात्री हैं
क्योंकि हम शब्दबद्ध हैं।

...शब्द जो, निरर्थ से
अर्थ तक की यात्रा में
दिशा का बोध देता है
दिशा को बदल सकता है
अब तो केवल देखना है
किसका शब्द
किसकी दिशा बदलता है
ओ मेरे सहयात्री
शब्दबद्ध।

इल्ज़ाम

सबसे पहले जो उँगली उठी
वह उस आदमी की थी
जिसने मुझे जंगल में लगी आग को दिखाया था।
और यह भी बताया था
कि यह आग किसने लगाई है
और एक जंगल से दूसरे जंगल तक
कितने ख़तरनाक रास्तों से होकर आई है।

मैं जब रात के अँधेरे में
आग की ख़बरें शहर की दीवारों पर लिखता था
तो उसकी कविताएँ कंदीलों की तरह
अँधेरे रास्ते में जलती थीं।

मैं समझता था कविता लिखना
ख़बरें लिखने से बड़ा काम है
और वह आदमी सचमुच महान् है
जो अपने कविताओं में ख़तरनाक ख़बरें सुनाता है
और 'अभिव्यक्ति के ख़तरे' उठाता है।

हाँ, वह आदमी सचमुच महान् है
जिसने मुझ पर इल्ज़ाम की उँगली उठाई है
कि मैं डरपोक और कायर हूँ
कि मैं आग को शहर में
चोर दरवाज़े से लाया था

और किसान मज़दूर बस्तियों में पहुँचने से पहले
बड़े बाज़ार के ख़तरनाक रास्तों से होकर नहीं आया था
मैं इतिहास के कठघरे में एक अपराधी हूँ
कि मैंने अपने आपको ख़तरनाक रास्तों से बचाया है
और एक बहुत बड़ी आग को
एक वर्ग के तंग घेरे में जलाकर बुझाया है
वरना यह आग—
बीच शहर में पहुँच सकती थी
और पूरे शहर का नक़्शा बदल सकती थी।
उठी हुई उँगली का इल्ज़ाम मुझे मंजूर है
लेकिन जनाब!
आप जानते ही थे
मैं आग को इसी वर्ग के लिए ही लाया था
और आपने भी तो इसका बहुत हिस्सा
कविता के चोर दरवाज़े से
अपने वर्ग के लिए चुराया था।

मैं तो अब भी यह आग
अपने वर्ग के लिए ही लाऊँगा
लेकिन अब—
चोर दरवाज़ों से नहीं
ख़तरनाक रास्तों से होकर आऊँगा।

मुक्ति

ऐ देश!
मैं अपनी मुक्ति की कविता
तुम्हें समर्पित करता हूँ
तुमने ही मुझे दी थी—
मुक्ति की एक जादुई छड़ी
जो वक़्त के साथ—
एक दिन मेरी पैंट में अड़ी!
घर गया तो फटी पैंट देख
बिगड़ उठी लुगाई
(उस वक़्त, फटी पैंट के बारे में
एक कहावत याद आई)

ऊपर से आफ़त यह हुई
कि रात भर बारिश आई
और सारा घर ढूँढ़ने पर भी मिली न कोई रज़ाई
ठिठुरती रात में—
बिना रज़ाई के, रामधुन ही काम आई
और उस रात—
राष्ट्रपिता महात्मा गांधी की बहुत-बहुत याद आई।
तब से मैंने छोड़ दिया घर-बार
छोड़ दी लुगाई,
नहीं, मुझे नहीं चाहिए कोई रज़ाई!
अब रोटी कपड़ा मकान की मेरी कोई समस्या नहीं
मुझे तो मिल गई है एक नई ख़ुदाई।

अब देश की एक शानदार इमारत—
नाम योजना-भवन में रहता हूँ
न पीता हूँ, न खाता हूँ
मजे से आँकड़ों के चने चबाता हूँ।

मैं अपनी आँखें राष्ट्रीय नेत्र-कोष को दे आया हूँ
अब रामधुन गाता हूँ
और अन्तर्दृष्टि से—
योजनाएँ चरने वाली, अपनी प्रिय बकरी का भविष्य देखता हूँ
जिसका दूध मुझे साठ करोड़ लोगों को पिलाना है।

जनतंत्र और मैं

मैं भी कितना भोला हूँ कि हर पाँचवें साल
एक परची देकर बहला लिया जाता हूँ
और वह परची मेरे पाँव से दिल्ली पहुँच जाती है
जो कालान्तर में मुझसे बहुत दूर चली जाती है
                                और मैं पीछे—
मतदाताओं की सूची में केवल एक क्रम-संख्या रह जाता हूँ
एक क्रम-संख्या जो
तीस वर्ष बूढ़ी मंगल-व्यवस्था की प्रतीक है
और मेरे उज्ज्वल भविष्य की सूचक
नहीं   मेरा किसी भविष्य में विश्वास नहीं
मैं आज जीना चाहता हूँ
एक ताज़ा डबलरोटी—
और अच्छी शराब पीना चाहता हूँ
शराब!
नशाबन्दी के दौर में शराब की बातें
गेरी परची मेरे ख़िलाफ़ घोषणा करती है
मैं अनैतिक हूँ, देशद्रोही हूँ
मोहतरमा आप ठीक कहती हैं
आपकी घोषणा बड़ी वाजिब है
                किन्तु मेरी मजबूरी—
मैं आदमी बनकर जीना चाहता हूँ
न कि एक क्रम-संख्या
और जो कुछ भी चाहता हूँ कल नहीं
आज पीना चाहता हूँ।

शताब्दी का सबसे बड़ा जादूगर

नाम तो शायद उसका कुछ और होगा
लेकिन दोस्त प्यार से
या शायद ईर्ष्या से
उसे 'तरक़्क़ी राम' कहते हैं

वैसे तो इस तरह के हर नाम का
एक इतिहास होता है।
लेकिन 'तरक़्क़ी राम' ने यह नाम
कुछ इन्हीं दिनों कमाया है
एक ऐसा अँधेरा जुटाया है
कि हर आदमी को लगता है कि यह नाम असली है।

ख़ैर छोड़िए, नाम में क्या रखा है
'तरक़्क़ी राम' आदमी तो पक्का है।
उसके पास रुतबा है
बँगला है
गाड़ी है
गो उसका कहना है
यह सब पापी पेट की लाचारी है।
वह तो बुद्धिजीवी है, सर्वहारा है
गौ-हत्या से लेकर वियतनाम तक के दुखों का मारा है।
क्या हुआ जो उसके पास हर दुनियावी सुविधा है
है लेकिन ज़िन्दगी तो उसके लिए एक दार्शनिक दुविधा है।
सुख-सुविधाओं, और दुख-दुविधाओं के बीच—
भटकता 'तरक़्क़ी राम'

सुखी और उदास रहता है।
उदास रहना उसका दर्शन नहीं
सिर्फ़ समकालीन साहित्य-बोध का तक़ाज़ा है।
इसलिए समकालीन बनने के लिए
पहले वह भीड़ इकट्ठी करता है
फिर भीड़ में अकेला हो जाता है!
अकेलेपन के संत्रास से बचने के लिए
वह प्रधानमंत्री के पौत्र-जन्म पर कविताएँ लिखता है—
और उसे संत्रास की एक अचूक दवाई मिलती है—
पु र स्का र
जिसके सेवन से वह सिद्धपुरुष हो जाता है।

इधर कुछ दिनों से 'तरक़्क़ी राम' नक्सलपंथी हो गया है
और अख़बारों के दफ़्तरों में खो गया है।
उसने एक बयान में पत्रकारों को बताया है—
"मैं चेयरमैन माओ का सच्चा ग़रीब वर्कर हूँ
मेरी ज़िन्दगी हथियारबन्द क्रान्ति को समर्पित है
हालाँकि मेरी अपनी कई ज़िम्मेदारियाँ हैं
मुझे कई रोग हैं बीमारियाँ हैं
मुझे लड़के-लड़कियों की शादियाँ करनी हैं
शादियों में गाड़ियाँ देनी हैं
गाड़ियों में पेट्रोल भरना है
आप तो जानते हैं आजकल—
पेट्रोल में कितनी मिलावट हो रही है
कामरेड!
मैं ज़िन्दगी की लड़ाई में थक गया हूँ
घटिया पेट्रोल से गाड़ी चलाकर
मुझे थकावट हो रही है।"
जिस तरह वक़्त के साथ
हर नक्सलपंथी अंडरग्राउंड हो जाता है
'तरक़्क़ी राम' भी अख़बारों में बयान देने के बाद
अंडरग्राउंड हो गया है
शायद अपने बँगले के किसी तहख़ाने में खो गया है।

अब तक आप समझ गए होंगे
'तरक़्क़ी राम'
इस शताब्दी का सबसे बड़ा जादूगर है
जो अपने जादू से
बड़े-बड़े करतब दिखा सकता है
मसलन, बवक़्ते ज़रूरत
गधे को बाप
और बाप को गधा बना सकता है।

शब्दों की हिफ़ाज़त के लिए

दफ़्तर और घर की,
बॉस और बीबी के तलुवों की
सफ़ाई करते हुए
ज़िन्दगी गुज़ार देने वाला आदमी
मुझे
एक साधारण दुनियादार लगता है
जिसके ख़िलाफ़ मुझे कुछ नहीं कहना है
लेकिन जब वही आदमी
पूरी दुनिया साफ़ करने के लिए
दूसरों को मेहतर बनने की प्रेरणा देता है
और ख़ुद कुछ चालू शब्दों को
झाड़ुओं की तरह बाँटता फिरता है
तो वह मुझे दुनिया का सबसे अश्लील आदमी
लगता है।
शायद इसी अश्लीलता को देखकर लोग
शब्दों से ऊबते जा रहे हैं
और मौन की आदिम गुहाओं की ओर बढ़ रहे हैं
या शब्दों की हिफ़ाज़त हथियारों से कर रहे हैं।

मुझे शब्दों की हिफ़ाज़त
अपने तरीक़े से करनी है
और पहली लड़ाई
उस आदमी के ख़िलाफ़ लड़नी है

जो शब्दों की अर्थवत्ता को तोड़ता है
और दूसरी उसके विरुद्ध
जो शब्दों की अर्थवत्ता को छोड़ता है।

दरया और नदी का खेल

[देवेंद्र सत्यार्थी के लिए]

हर यात्रा से लौटने के बाद
देवेंद्र सत्यार्थी कहता है—
कि इस बार भी इसका कोई सुराग़ नहीं मिला
वह तो एक शरारती नदी है
जो अक्सर रास्ता बदलती रहती है।

सत्यार्थी—
जो ख़ुद एक चालाक दरया है
नदियों के रास्ते ख़ूब जानता है
कई नदियाँ उसके कोट की जेब से होकर गुज़रती हैं
जिन पर वह शब्दों के पुल बनाता है
लेकिन वह तो एक शरारती नदी है
चालाक दरया की पकड़ में नहीं आती
दरया दिशाएँ बदल-बदलकर भटकता रहता है
और जहाँ-जहाँ भी जाता है
रात-रात भर उसे
एक नदी के गुनगुनाने की आवाज़ आती है
कि जिस नदी को तुमने कभी नहीं देखा
क्यों उसका रास्ता ढूँढ़ते रहते हो?

बदबू

युद्ध
एक शब्द—
भयावह बिम्बों का स्रोत
जो मैंने—
अपने शब्दकोश से काट दिया था
आज हवा में
सायरन की आवाज़ों ने लुढ़का दिया है।

युद्ध...।
अख़बार बेचने वाला लड़का चिल्लाता है—
—पिकासो नई गुएर्निका बनाएँगे
पॉल राब्सन सैनिक-शिविरों में
शोक-गीत गाएँगे—
लाशों के अंबार पर बिस्मिल्ला ख़ाँ—
फ़ौजी धुनें बजाएँगे।
और धीरे-धीरे—
चीज़ों के सन्दर्भ बदल जाएँगे।
अर्थात्
खेतों में बीज डालने वाले हाथ
नरभक्षी गिद्ध उड़ाएँगे।
अब खेतों से पकी हुई फ़सलों की गंध नहीं आएगी
बल्कि एक बदबू-सी उठकर
नगरों-ग्रामों
गली-मुहल्लों

घर-आँगन
देहरी-दरवाज़ों तक फैल जाएगी।

बदबू...
मेरे तुतलाते बच्चे ने पहला शब्द सीखा है—
और उसके होंठों से
दूध की बोतल फिसल गई है।

युद्ध—
एक शब्द...
जो मैंने—
अपने शब्दकोश से काट दिया था
मेरे बच्चे के शब्दकोश के—
प्रथम शब्द का मूल स्रोत है।

एक लड़ाई समानान्तर

मैं कृष्ण की तरह झूठ नहीं बोलूँगा
कि हर मोर्चे पर मैं लड़ रहा हूँ
हर सिपाही के साथ मैं मर रहा हूँ
हर घायल का घाव मेरा है
किन्तु यह सच है—
कि इस समय, सायरन बजने के बाद
जब चारों तरफ़ घुप्प अँधेरा है
मैं एक ऐसी लड़ाई लड़ रहा हूँ
जो हर युद्ध के समानान्तर लड़ी जाती है।

इस बार कौरव-पांडव का युद्ध चार दिन पहले ही ख़त्म हो गया।
बी.बी.सी. का एनाउंसर रत्नाकर भारती घोषणा करता है
और जी.बी. रोड के एक मकान से सीढ़ियाँ उतरते हुए
नरेंद्र धीर कहता है :
"कि हर युद्ध अपने साथ एक आदिम अँधेरा लाता है
दरअसल ब्लैकआउट—
आदमी की आदिम अँधेरे की ओर लौटने की
आकांक्षा का एक उपकरण है।

"...तुम मुझसे पूछोगे
वह औरत हिन्दू थी या मुसलमान।
इस आदिम अँधेरे में
कोई औरत नहीं
कोई मर्द नहीं

सब जानवर हैं—

मादा या नर
चाहे वह जी.बी. रोड की रानी है
या राजमहल की
रजिया सुलतान
या मोर्चे पर लड़ रहा कोई फ़ौजी जवान।

"इस आदिम अँधेरे में
अगर कुछ मानवीय है
तो इन सीढ़ियों पर खड़े हुए
तुम और मैं
भय के एक सूत्र में बँधे हुए
अँधेरे के माध्यम से एक-दूसरे को पहचानते हुए।
इस पहचान के लिए
इस अँधेरे का मैं एक मुद्दत से इन्तज़ार कर रहा था
और इस पहचान के बाद मेरे लिए कहीं कुछ नहीं
कोई आकांक्षा नहीं
कि लौट जाऊँ उज्जैन के विलास होटल में
जहाँ मैंने पहली बार अपने भीतर के
पशु-लोक का एक बिम्ब देखा था
और लौट जाऊँ शैली के पास
और उसके शरीर के खँडहरों में अपना नाम ढूँढ़ूँ
जो अब किसी बूढ़ी शाख़ से लटका होगा
या किसी ज्योतिहीन आँख में अटका होगा
या किसी सूख गए झरने के मुहाने पर बैठा
पानी का इन्तज़ार कर रहा होगा।

मेरे लिए अब पीछे लौटना
या आगे बढ़ना
दोनों निरर्थक हैं
मेरे पीछे भी अँधेरा है
मेरे आगे अँधेरा है
और सिर्फ़ इसी समय

इन सीढ़ियों पर
मेरे चारों तरफ रोशनी का एक छोटा-सा घेरा है।
मैं इस रोशनी में और गहरा उतरूँगा
और इस पशु-लोक के अँधेरे से छूट जाऊँगा
छूट जाऊँगा—
अश्वत्थामा की अर्ध-पाशविक
और अर्ध-मानवीय चीख़ों से।
अश्वत्थामा—
जो इस बार
सत्य के पक्ष में
पांडवों की ओर से लड़े हैं
और इस समय
चौदह दिन की लड़ाई के बाद
जब पांडव विजय-पर्व मना रहे हैं
तो वह शहर के सबसे बड़े अस्पताल के सामने खड़े हैं।
उन्हें बताया गया है
कि उनके घावों का उपचार
देश के किसी अस्पताल के पास नहीं।
...और उनकी मणि
जिसको पाने की ख़ातिर
वह इस बार पांडवों की ओर से लड़े हैं
सरकारी ख़ज़ाने में बन्द है।
अश्वत्थामा लड़ाई जीतने के बावजूद भी हारा है
पांडवों ने एक बार फिर
उसे अर्ध-सत्य से मारा है।

"...तुम मुझसे पूछोगे
वह अर्ध-सत्य क्या है?
जबकि तुम विजयी पक्ष का पूर्ण सत्य भी जानते हो
लेकिन तुम इतने कमज़ोर और कायर हो
और आन्तरिक सुरक्षा के क़ानून से इतना डर गए हो
कि अब तुम यहाँ से भागना चाहोगे।
तुम जाओ
तुम्हारे पास एक ख़ूबसूरत दुनिया का नक़्शा है

एक टार्च है
एक विश्वास है
कि किसी दिन तुम उस दुनिया में पहुँच जाओगे
जहाँ रोशनी के बिम्ब तुम्हारा इन्तज़ार कर रहे होंगे।
हाँ,
रास्ते में अगर तुम्हें कहीं अश्वत्थामा मिलें
तो उनसे कहना
कि शहर के एक नाजायज़ वेश्यालय की सीढ़ियों पर खड़ा
इस शताब्दी का एक संत
उनका इन्तज़ार कर रहा है।
मेरे पास अश्वत्थामा के घावों का उपचार है।"

अश्वत्थामा—

अश्वत्थामा मुझे शहर के सबसे बड़े अस्पताल की सड़क पर मिलते हैं
और अस्पताल से आ रही घायल जवानों की चीख़ों के दरम्यान
वह मुझसे रजिया सुलतान के महल का पता पूछते हैं
मैं उनसे कहता हूँ,
कि उनका मति-भ्रम हो गया है
और इतिहास-बोध गड़बड़ा गया है
यह तो बीसवीं शताब्दी का आठवाँ दशक है
और सुलतान रजिया...?
वह अपनी अर्ध-पाशविक हँसी हँसते हैं
और कहते हैं
कि आन्तरिक सुरक्षा के क़ानून के अन्तर्गत
लोगों और चीज़ों के नाम बदल जाते हैं।
अर्ध-सत्य से जीती हुई लड़ाई का यह तक़ाज़ा है
कि अपनी मणि को सुरक्षित रखने के लिए
आदमी लोगों और चीज़ों के नाम बदल डाले
या गुरिल्ला दस्तों के साथ जंगलों और पहाड़ों में भाग जाए।

सड़क

मैंने जब बाहर आने का फ़ैसला किया
तो अपने-आप को उसी परिचित सड़क पर खड़ा पाया

जिसके दोनों ओर—

पापलर के पेड़ों की क़तारें थीं
एक छोर पर 'निओन' बत्तियों से जगमगाती एक इमारत थी
जिसके एक कमरे में बैठे वे शराब पी रहे थे
और मेरी कविताओं की ज़िन्दगी जी रहे थे

मैं जानता था—
वे 'रम' के तीन पैग ले चुके होंगे
और अब—
राजनैतिक बन्दियों की चर्चा से द्रवित हो
भारती तरफ़दारों* को बचाने की योजनाएँ बना रहे होंगे
साथ में फ़ैज़ की ग़ज़लें गुनगुना रहे होंगे।
मैं जानता था—
रम के पाँचवें पैग के बाद
भारती तरफ़दार का बीमार चेहरा
किसी गुदाज-जिस्म औरत के चेहरे में बदल जाएगा
और उस कमरे का हर आदमी
उस जिस्म का क़िस्सा-दर-क़िस्सा दोहराएगा।
सड़क के दूसरे छोर पर

---

* 1975 में बहरामपुर की सेंट्रल जेल में कारावास भुगत रही एक क्रान्तिकारी महिला, जिसकी बीमारी की ख़बरें उन दिनों पत्र-पत्रिकाओं में छपी थीं।

भारती तरफ़दार के चेहरे-सी बुझी हुई एक बस्ती थी
जिधर से हर सुबह
कुछ मद्रासी बच्चे
भिखमंगी के लिए आते थे
और अपने अधजगे चेहरों पर
ख़ौफ़नाक ख़बरें लाते थे
मसलन, बस्ती ज़िले के रामधन पर
क़र्ज़ इतना चढ़ गया था
कि सूद मूलधन से दस गुना बढ़ गया था
और वह सूदख़ोर के गुंडों से इतना डर गया था
कि कल रात शीत-लहर के बावजूद घर नहीं लौटा।
वैसे इस बस्ती में घर लौटना कोई ज़रूरी नहीं
सिर्फ़ बच्चे—
दिन भर की भिखमंगी के बाद
माँ-बाप की पिटाई के डर के बावजूद
घरों को इसलिए लौट जाते हैं
कि पापलर के पेड़ों के लम्बे साये
उन्हें जिन-भूतों की तरह डराते हैं
मैं—
इन्हीं भुतैले सायों में चलता हुआ
एक जगमगाती इमारत के आकर्षण से
मुक्त होने की लड़ाई लड़ रहा था
और धीरे-धीरे
उस छोर की ओर बढ़ रहा था
जहाँ मेरी कविता
और भारती तरफ़दार का चेहरा
गाली नहीं बनते।
...मेरे पीछे जगमगाती हुई बत्तियाँ थीं
और सामने कुछ टिमटिमाती हुई लालटेनें
लालटेनों की रोशनी के तले गहरा अँधेरा
एक ऐसा अँधेरा—
जिससे भागकर मैं सड़क पर आया था
और एक जगमगाती इमारत के सामने खड़ा होकर चिल्लाया था

"मुझे रोशनी की ज़रूरत है।"
इमारत से कई आवाज़ें एक साथ आईं
'अन्दर आ जाओ
यहाँ बहुत रोशनी है
तुम हमें कविताएँ दो
हम तुम्हें रोशनी देंगे।'
मेरे पास बहुत-सी कविताएँ थीं
उनके पास बहुत-सी सुविधाएँ थीं
मैं रम को रोशनी समझकर पीता था
और उस कमरे का हर आदमी
रम के तीसरे पैग तक
मेरी कविताओं के अँधेरे को जीता था
लेकिन रम का पाँचवाँ पैग...
मैं रम के पाँचवें पैग से बहुत डरता था
जब मेरी आँखों का अँधेरा
मेरी रीढ़ की हड्डी में ठिठुरने लगता था।

...जगमगाती बत्तियाँ बहुत पीछे रह गई हैं
मैं एक टिमटिमाती लालटेन के सामने आ खड़ा हो गया हूँ
और अपनी रीढ़ की हड्डी में
हरारत महसूस कर रहा हूँ।

एक सामरिक चुप्पी

जब मैं अपनी कविताओं के बारे में सोचता हूँ
तो मुझे कई हथियारों के नाम याद आते हैं
और जब मेरे सामने कोई ताज़ा संगतरे छीलता है
तो मैं अपने बचपन में लौट जाता हूँ

...बचपन में हमारे पड़ोस में
वीरां नाम की एक लड़की रहती थी
जो मुझसे अक्सर कहती थी
कि मैं दुनिया का सबसे शरारती बच्चा हूँ
और ज़रूर किसी दिन
चाँद पर रहने वाली बुढ़िया का
चरखा छीनकर ले आऊँगा
और उसके काते हुए सूत से
अपने धनुष की डोरी बनाऊँगा।

वीरां संगतरे नहीं खाती थी
लेकिन उसके शरीर से ताज़े संगतरों की
ख़ुशबू आती थी
और जेहलम नदी तैरकर पार कर जाती थी।

नदी के पार संगतरों के बहुत पेड़ थे
मैंने कहा न वीरां संगतरे नहीं खाती थी
(या शायद खा नहीं पाती थी)
लेकिन वह उनकी मदद से मुझे गिनती सिखाती थी...

...एक पेड़ पर दस संगतरे हों
तो दो पर बीस,
तीन पर तीस
चार पर चालीस...
और चालीस की संख्या आते ही
        वह खिलंदड़ी लड़की—
मुझे अलीबाबा के नाम से चिढ़ाती
और चालीस चोरों की कहानी सुनाती।
कहानियाँ माँ भी सुनाया करती थी
और जेहलम के बारे में एक गीत गुनगुनाया करती थी
जिसमें ताज़े संगतरों की ख़ुशबू
और चालीस चोरों का ज़िक्र एक साथ होता था।

माँ अब बूढ़ी हो चुकी है
और कहती है कि जेहलम नदी सूखती जा रही है।
माँ का विश्वास है
कि जेहलम को वीरां का शाप है—
जिसके शरीर से ताज़े संगतरों की ख़ुशबू आती थी—
और जो एक रात इस नदी में डूबकर मर गई थी।

कहते हैं कि नदी में डूब कर मरने वालों की—
        आत्माएँ भटकती रहती हैं...
...नैनं छिन्दंति शस्त्राणि, नैनं दहति पावक:
        आत्मा कभी मरती नहीं।
आत्मा मरती नहीं, शायद इसीलिए भटकती है।
और जब भटकती आत्मा की बात चलती है
तो सहसा मुझे—
नागार्जुन की एक कविता की याद आती है।
नागार्जुन...
जो आजकल कलकत्ता में रहते हैं
और लोगों से कहते हैं
कि कलकत्ता आओ—
मैं तुम्हें भटकती आत्माएँ दिखाऊँगा
—भय और आतंक की ऐसी कविता सुनाऊँगा

कि जिस्म के रोंगटे खड़े हो जाएँगे
आँखों में दहशत के जंगल उग आएँगे।
कलकत्ता अब सिर्फ़ एक शहर का नाम नहीं
एक व्यवस्था का प्रतीक है
जिसे वनतंत्र कहते हैं
और जिसकी हिफ़ाज़त के लिए
आदमीनुमा दरिन्दे दनदनाते हैं!

नहीं, मैं कलकत्ता नहीं जाऊँगा
नहीं देखूँगा किस तरह आदमी—
एक आतंक से दूसरे आतंक तक जीता है
पीठ पर लाठियाँ खाता है
आँखों से अश्रुगैस पीता है।

नहीं देखूँगा किस तरह—
झूठी मुठभेड़ों के नाम पर
नौजवानों की हत्याएँ होती हैं
और घरों में इन्तज़ार कर रही माँएँ
आँसू सूख जाने के बावजूद रोती हैं...

...मुझे फिर अपनी माँ की याद आती है
जो अक्सर मुझे—
नागार्जुन की कविता से मिलती-जुलती
एक सच्ची कहानी सुनाती है
जिसमें दो नौजवान बहनों को
एक कारख़ाने की भट्टी में
ज़िन्दा जला दिया जाता है।

माँ का कहना है—
कि दोनों बहनों के जिस्मों से
ताज़े संगतरों की ख़ुशबू आती थी।

मैं जब भी माँ से
उस कारख़ाने का नाम पूछता हूँ

तो हर बार वह यह कहकर टाल जाती है
कि इस तरह के कारख़ाने हर शहर में होते हैं।
मैं गिनती करने लगता हूँ—
...एक शहर में दो कारखाने हों
तो दो में चार
पाँच में दस
दस में बीस
बीस में चालीस, और
...और स्मृतियों के दालानों से
भटकती हुई एक आवाज़ आती है
अलीबाबा...अलीबाबा।
चोर मटकों में बन्द हैं
इन्हें गर्म तेल से ज़िन्दा जला डालो।

न...हीं...

मैं चीख़ना चाहता हूँ
चोर मटकों में बन्द नहीं
तैयार दुश्मन की तरह सामने खड़े हैं
मैं और मेरे साथी इनसे कई बार लड़े हैं
लेकिन इनके हथियार
हमारे हथियारों से बहुत बड़े हैं।
मैं चीख़ता नहीं, चुप्प रहता हूँ
वीरां, तुम भी चुप्प रहो
और स्मृतियों के दालानों में लौट जाओ।

लेकिन, नागार्जुन तुम—
मेरी इस चुप्पी को ग़लत मत समझना
मैं तो अपने आपको
एक और लड़ाई के लिए
तैयार कर रहा हूँ
और अपनी कविता से बाहर
एक सामरिक चुप्पी में
कविता से कोई बड़ा हथियार गढ़ रहा हूँ।

दो शराबियों की बातचीत का एक टुकड़ा

सुनो! अँधेरे में एक औरत हँस रही है
शराब पीने का यह मतलब नहीं कि तुम
सड़क की निओन बत्तियों को
मुग्ध भाव से देखते रहो
और रोशनी के लड़खड़ाते बिम्बों को
पकड़ने की कोशिश में
एक औरत की हँसी को नज़रअन्दाज़ कर दो।

मुझे तो यह हँसी—
बहुत ख़तरनाक लग रही है
गोया यह हँसी न हो
एक दूसरी तरह का अँधेरा हो—
अणु-विस्फोट के बाद धरती पे छाये अँधेरे की तरह।

...मुझे कुछ याद आ रहा है
यह अँधेरा—
मैंने पहले भी कहीं देखा है
और यह हँसी—
पहले भी मेरे कानों में कई बार आई है
किन्तु हँसी को अँधेरे में बदलते हुए
मैंने पहली बार देखा है।

सुबह यह औरत—
अपनी स्याह हँसी पर

उजले शब्दों का नकाब ओढ़ लेगी
आकाश में सफ़ेद कबूतरों के झुंड छोड़ देगी
और एक भिखारी औरत के चेहरे पर
छा रहे अँधेरे को
दुनिया के बदलते मौसम से जोड़ देगी
सुनो!
इस ख़तरनाक हँसी को
समझने की कोशिश करो
शायद यह हँसी
अपने दौर की कुछ फ़ैसलाकुन घटनाओं की दिशाएँ
कुछ समय के लिए
मोड़ देगी।

ख़ूनी नदी की यात्रा

इस ख़तरनाक यात्रा से पहले
आओ!
हम अपनी पिछली सभी यात्राओं को भूल जाएँ।
भूल जाएँ
उन साँवली या गोरी नदियों के नाम
जिनमें बहते हुए जल-दीप
हमारी कविताओं में जगमगाते हैं।
और उन सभी गीतों को
गुनगुनाना छोड़ दें
जो हमने शान्त नदियों की यात्राओं के दौरान
घर लौटते जल-पक्षियों से सीखे थे।

इस बार तो एक ख़ूनी नदी की यात्रा है
जिसमें कभी किसी ने कोई
घर लौटता जल-पक्षी नहीं देखा।

साथियो!
अपनी नौकाओं को तैयार कर लो
और अपनी सुरक्षा के हथियारों को
नौकाओं में ठीक से धर लो
और इस ख़ूँख़्वार नदी में उतरने से पहले
अपनी जेबों में कविताओं की जगह
सामरिक युक्तियाँ भर लो।
हाँ, मैं ठीक कहता हूँ

बिफरी हुई ख़ूँख़्वार नदी का अंध वेग
एक फ़ौजी शासन की ताक़त के समान होता है।
कविताएँ तो केवल शान्त नदियों को बाँध सकती हैं
ख़ूनी नदियों को बाँधने के लिए
युक्तियों की ज़रूरत है।

साथियो!
इस नदी को बाँधने के लिए,
हम इसके मुहाने तक पहुँचेंगे
और उस चट्टान को बारूद से उड़ा देंगे
जिसमें से इसकी पहली धारा निकलती है।

किन्तु यह कोई ज़रूरी नहीं कि हम—
पहली बार ही उस चट्टान तक पहुँच जाएँगे
या नदी के नरभक्षी जलचरों से
बच के निकल पाएँगे
या अपनी टूटी नौकाओं के साथ
अँधेरे घरों में टिमटिमाती लालटेनों के पास
कभी लौट भी आएँगे।

ख़ूनी नदी की यात्रा में
कभी किसी ने कोई
घर लौटता जल-पक्षी नहीं देखा।

विपाशा

विपाशा किसी नदी या नारी का नाम नहीं
बल्कि किसी पुराने स्मृति-कोष्ठ से निकलकर आए
एक सूख गए जल-संसार का धुँधला-सा बिम्ब है
जिसे...
मैं सोचता हूँ,
शायद ही मेरी कोई कविता सहेज पाए।

यह बिम्ब मैंने पहली बार
बचपन में कहीं
बरीमाम के मेले में
पीर के मज़ार पर नाचती
तवायफ़ों के पवित्र चेहरों पर
धुँधले चिराग़ों की रोशनी में देखा था
या लुधियाना के बूढ़े दरिया की झुर्रियों में बहती
एक बरसाती नदी से उछलकर
मेरी किशोर चेतना में अटका था
औ' जिसे अपनी आँखों में सँजोकर
मैं रात-रात भर
उस शहर की सजल सड़कों पर भटका था।
बरीमाम बहुत पीछे रह गया है
बूढ़ा दरिया अब मर चुका है
बरसाती नदी एक गंदी नाली बनकर बह रही है
और पूरा शहर एक रेगिस्तान बनता जा रहा है
लेकिन सफ़ेद कपड़ों वाला

एक उच्छृंखल-सा छोकरा
शहर में दनदनाता चिल्ला रहा है—
"विपाशा किसी कवि के स्मृति-कोष्ठ से निकला मात्र एक
काव्यबिम्ब नहीं
बल्कि बीस धाराओं वाली एक गहरी और शान्त नदी का
पुराना नाम है
आओ! नदी के परिवर्तित मार्ग का स्वागत करें
और इसे एक नया नाम दें
इसकी बीस धाराओं के जल से
रेगिस्तान को सींचें
इसके किनारों पर अपने घर बनाएँ
और उस सिरफिरे शायर की बकवास बातें भूल जाएँ
जो विपाशा को एक सूख गए जल-संसार का धुँधला-सा बिम्ब
कहता है।"

हाँ मैं भी यह अनुरोध करता हूँ
कि यदि आप मुझे भूल सकते हैं
तो यह सब भूल जाएँ—
कि केवल उथली नदी ही रास्ता बदलती है
और नदी जब रास्ता बदलती है
तो भीषण प्रलय मचाती है
किनारों पर बने कच्चे घरों को तोड़ जाती है
और शहर की हर चीज़ को बरबाद करके
अन्त में उथली नदी
अपने ही अंध वेग से थक-हार कर
मर चुके बूढ़े दरिया की क़ब्र पर
अपने टूटे दर्प का
आख़िरी दीया जलाने पहुँच जाती है
इतिहास ऐसे दर्प को क्या नाम देगा
सिरफिरे शायर का उत्तर-भूल जाएँ
और अपने होंठ बिलकुल मत हिलाएँ।

ट्रैफ़िक के नये क़ानून

यह कौन है—जो अल सुबह
अख़बार के पन्नों में मुझ को दीख जाता है
जो चाय की पहली प्याली से
रात की अन्तिम क्रिया तक
मेरी दिनचर्या में लगभग दनदनाता है।

यह कौन है जो—
नित नई मुद्रा में मुझको
नित नये आदेश देता है
और ट्रैफ़िक के नये नियम सिखाता है
कि दाएँ मत चलो
कि बाएँ मत चलो
सड़क के बीच में साइकिल चलाना ही सुरक्षित है।
मगर मैं जन्म से बायाँ—
जो बाएँ हाथ से खाता हूँ
बाएँ हाथ से लिखता हूँ
बाएँ हाथ से जीवन के सारे काम करता हूँ
और बाएँ ही किनारे आज तक साइकिल चलाया है।
यह सम्भव है, बिना अभ्यास के मैं जब कभी
सड़क के बीच में साइकिल चलाऊँगा।
किसी फ़ौजी की गाड़ी के तले कुचला जाऊँगा।
यह कौन है जो इस तरह ट्रैफ़िक की आड़ ले
साधारण आदमी के क़त्ल की साजिश बनाता है
मगर मातम-सभाओं में झूठे आँसू बहाता है।

यह कौन है—
यह किन का पक्षधर है

मैं सब कुछ जानता हूँ
मैं इसके तेवरों को ठीक पहचानता हूँ
मगर मैं अपने क़त्ल से डरता हूँ
और ख़ामोश रहता हूँ।
        मगर कोई तो बोलेगा।
भयानक मौत के जंगल का सन्नाटा कभी कोई तो तोड़ेगा।
                        जो अपने होंठ खोलेगा।
आदमी के होंठ जब लम्बे समय तक बन्द रहते हैं
तो ऐसा वक़्त आता है
कि अपने दाँत से वह अपने होंठ काट खाता है।
घायल होंठ का वह दर्द तब निश्चय ही बोलेगा—
यह जो नागरिक कपड़ों में फ़ौजी ट्रक चलाता है
उस साजिश में शामिल है
जो चाहती है
कि पूरी आदमियत से कोई ऐसी बात घट जाए
कि जिससे आदमी का बायाँ हाथ ही कट जाए।

जंगल क़ैद

[कमलेश के नाम]

आख़िर वे जंगल को चले गए
और अभी तक लौटकर नहीं आए
हम उनके लिए क्या कर सकते हैं
क्या कर सकते हैं!
केवल उनकी कविताएँ
बन्द कमरों में पढ़कर रो लेते हैं
और उनके ख़ाली घोड़ों के लौटने का इन्तज़ार करते हैं
मगर जंगल जब जेल में बदल जाता है
तो सवारों की तरह घोड़े भी नहीं लौटते
केवल कुछ टापों की आवाज़ें लौट आती हैं।

हम उन टापों की आवाज़ों से भागकर कहाँ जाएँ
'हम' जो उन्हें सिवान तक पहुँचाने गए थे लालटेन लेकर
सुनो, ज़रा सुनो
अँधेरे में टापों की आवाज़ों में सुनो
कोई कविता गुनगुना रहा है
नहीं, कोई कविता सिसक रहा है
यह सिसकी आवाज़ में है
इस कविता की कौन-सी भाषा है
यह तो आदमी के शरीर पर अत्याचार की लिपि में लिखी हुई
भाषा है।

यह सिसकी एक कद्दावर स्वस्थ आदमी के शरीर की
नींद के लिए एक छोटी-सी प्रार्थना है।
किन्तु जंगलों में प्रार्थनाएँ कौन सुनता है
इसलिए वे टापों की आवाज़ों के साथ
सिसकियाँ बन लौट आती हैं।

हम उन सिसकियों से भागकर कहाँ जाएँ।
अपने घरों की खिड़कियाँ बन्द कर लें
अपने कानों में सीसा भर लें
अपनी पत्नी और बच्चों के साथ
सुरक्षित बिस्तरों में दुबक जाएँ!
हम उनके लिए कुछ नहीं कर सकते
केवल तकियों के नीचे मुँह रखकर रो सकते हैं।
आख़िर हम उन्हें सिवान पर क्यों छोड़ आए
और ख़ुद अपनी लालटेनों के साथ
अकेले घरों को लौट आए।

इश्तहार

इसे पढ़ो
इसे पढ़ने में कोई डर या ख़तरा नहीं
यह तो एक सरकारी इश्तहार है
और आजकल सरकारी इश्तहार
दीवार पर चिपका कोई देवता या अवतार है इसे पूजो!
इसमें कुछ सन्देश हैं
        सूचनाएँ हैं
कुछ आँकड़े हैं
        योजनाएँ हैं
कुछ वायदे हैं
        घोषणाएँ हैं
इस देववाणी को पढ़ो
और दूसरों को पढ़कर सुनाओ—
कि देश कितनी तरक़्क़ी कर रहा है
कि दुनिया में हमारा रुतबा बढ़ रहा है
चीज़ों की क़ीमतें गिर रही हैं
और हमें विश्व बैंक से नया क़र्ज़ा मिल रहा है
इस क़र्ज़ से कई कारख़ाने लगाए जाएँगे
कारख़ानों से कई धंधे चलाए जाएँगे
उन धंधों से लाखों का लाभ होगा
उस लाभ से और कारख़ाने लगाए जाएँगे
उन कारख़ानों से और उद्योग चलाए जाएँगे
उस लाभ से और कारखाने लगाए जाएँगे
इस तरह लाभ-दर-लाभ के बाद

जो शुभ लाभ होगा
उससे ग़रीबों के लिए घर बनाए जाएँगे
उन पर उन्हीं की शान के झंडे लहराए जाएँगे
सभी ग़रीब आदमी एक आवाज़ से बोलें—
'जय हिन्द!'
ये हिन्द साहब!
मगर इस देश का ग़रीब आदमी भी अजब तमाशा है
अपनी ही शान का इश्तहार पढ़ने से डरता है
और निरन्तर निरक्षर होने का नाटक करता है
हाँ साहब, मैं ठीक कहता हूँ
अगर देश को ठीक दिशा में मोड़ना है
तो ग़रीब आदमी की इस नाटकीय मुद्रा को तोड़ना है
हमें उसे ज़बर्दस्ती इस दीवार के पास लाना है
और इस इश्तहार को पढ़वाना है।
आख़िर यह सरकारी इश्तहार है
और आजकल सरकारी इश्तहार
दीवार पर चिपका
कोई देवता या अवतार है।

नया पाठ

(देखो और सीखो पद्धति से)
क   कबूतर
ख   ख़रगोश
ग   से गांधी

लेकिन बच्चो, कौन-सा गांधी?
मोहनदास करमचन्द गांधी
बापू गांधी?
राष्ट्रपिता महात्मा गांधी?

(बच्चों का समवेत)

नहीं जानते हम बापू को
नहीं जानते राष्ट्रपिता को
हम तो केवल यही जानते
ग   से गांधी
एक नहीं बहुत से गांधी

क   से कबूतर
ख   से ख़रगोश
मास्टर जी क्यों उड़ गए होश?

हुआ आपका पाठ पुराना
हमें नहीं बिलकुल दोहराना

उसमें केवल एक ही गांधी

ई   से इमली
आ   से आँधी
स   से सोना
च   से चाँदी

नया पाठ है—
अ   से अन्न
अन्न है किसी देश का धन
मेहनत करके अन्न उगा
लेकिन ख़ुद कम से कम खा

क   से कपड़ा
कपड़े से ढकते हैं तन
जैसा कपड़ा वैसा मन
भरे पड़े हैं मिल गोदाम
जेबों में बस चाहिए दाम!

ख   से खोली
यह तो है बम्बइया बोली
सबको खोली, सबको काम
पढ़ समाजवाद का नाम

ग   से गांधी
एक नहीं बहुत से गांधी
इ   से गांधी
स   से गांधी
च   से चाँदी-सोना गांधी

घ   से घर
अब घर चल
आने वाली ज़ोर की आँधी।

विपाशा की हार

विपाशा
जिसे सिरफिरे शायर ने
सूख गया जल-संसार का धुँधला-सा बिम्ब कहा था
जनमत की नदी से हारकर
मर चुके बूढ़े दरिया की क़ब्र पर
एक कृशकाया अपराधिनी-सी लौट आई है।

हर उथली नदी का यही अन्त होता है।

मगर यह क्या!
बूढ़े दरिया की क़ब्र से आवाज़ आती है
विपाशा,
तुम पितृहन्ता हो
तुम्हारे सिर पर पितृहत्या का पाप है
एक लाख गुलाब की आत्मा का शाप है
तुमने हज़ारों गुलाबों को पौधों से तोड़ा है
तुमने उन्हें पुलिस के बूटों से क़ुचला है
उनकी गंध को बारूद की दुर्गंध से जोड़ा है

रानी नदी—
जब तुम अपने दर्प में उमड़ती थीं
तो तुम्हारे जल-वेग से
फ़ौजी संगीत की धुनें निकलती थीं।
इस संगीत को यामिनी कृष्णमूर्ति ने सुना
और अपनी देह के छंदों में उतारा

हुसैन ने इसे रंगों में बदला
और रंगों से एक दुर्गा को बनाया

कवियों ने इसे एक नये गीत का नाम दिया
गायक-कलाकारों ने नये अन्दाज़ से गाया।

क़िन्तु अब—
जब तुम्हारा संगीत मातमी धुन बन चुका है
वे सब कहाँ गए
        कहाँ गए सब
कवि, गायक, कलाकार
        नर्तकियाँ, चित्रकार!

आख़िर वे जनता के आदमी थे
जनता के हो गए।

और तुम अपनी क्षीण धारा में
एक दुर्गंध-भरा कुचला गुलाब लेकर
वीरान क़ब्रगाह में बह रही हो।

क्या मैंने तुम्हें इसी दृश्य के लिए
अपनी झुर्रियों के जलस्रोत से निकाला था!
मैंने तो तुम्हें एक शान्त झरने की तरह पाला था।

मैं ज़िन्दगी भर
दुनिया को एक गुलाब की बगिया बनाने के लिए भटका था
और तुम—
अब एक दुर्गंध की तरह भटकोगी
और मेरी क़ब्र के पत्थरों से सिर पटकोगी
तुम्हारे सिर पर पितृहत्या का पाप है
उसके लिए मेरा यह तुमको शाप है।

(विपाशा) :
पिता तुम्हारा शाप तो स्वीकार है

लेकिन मेरी पराजय तुम्हारी भी हार है
तुम्हारे जलस्रोत की अपनी सीमाएँ थीं
उनमें केवल एक उथली नदी की सम्भावनाएँ थीं।

रंग ख़तरे में हैं

[होली के एक दिन एक कविता]

मेरे प्रिय कवि ने कहा था
'फूल नहीं रंग बोलते हैं'
लेकिन मेरे शहर के किसी भी पार्क में जाकर देखो
ऐसा नहीं है।

सिर्फ़ वही लोग बोलते हैं
जो फूलों की पहचान से वंचित हैं
और रंगों को ग़लत ढंग से घोलते हैं
मसलन—
लाल रंग को
हरे, नीले और पीले रंगों से मिला रहे हैं
और काले रंग का एक ऐसा बिम्ब बना रहे हैं
जिसे देखकर मुझे लगता है
कि मेरे सामने
फिर वही चिर परिचित लम्बी अँधेरी सुरंग है
जिससे मैं एक बार पहले भी
बड़ी मुश्किल से बाहर निकला हूँ।
क्या मेरी उन्नीस महीने की लम्बी लड़ाई
का अन्त
एक सुरंग से दूसरी सुरंग का अँधेरा है।
कहाँ हैं मेरी आकांक्षाओं के सात रंग
मेरे सामने तो केवल काले रंग का एक घेरा है।

लेकिन वे कह रहे हैं
'यह सुरंग नहीं—

काले बाँस से बनी रंगों भरी पिचकारी है
मैं इससे निकलते रंगों को देख नहीं सकता
यह एक रंगांध की लाचारी है।'
पार्क में होली खेल रहे बच्चो, सुनो!
इससे पहले कि तुम्हें भी रंगांध घोषित कर दिया जाए
रंग खेलना छोड़ दो
अपनी पिचकारियाँ तोड़ दो
और चुपके से अपने घरों को लौट जाओ
इधर पार्क में एक नई सुरंग बनाने की तैयारी हो रही है।

मेरे प्यारे चित्रकार दोस्त!
अपने रंगों को सँभाल लो
रंग ख़तरे में हैं।
इस समय जब रंगों भरी धूप
हर फूल पर सो रही है
तुम्हारे सबसे प्रिय रंग के ख़िलाफ़ साजिश हो रही है।

वह रंग—
जो तुम्हारी धमनियों में दौड़ता है
जिसकी ताक़त से तुम शेष रंगों की पहचान करते हो
और इस पहचान से एक नये रंग-संसार को रचते हो।

वह रंग—
जो एक शब्द से
फूल तक की यात्रा में
एक दर्शन में बदल जाता है
ठीक वक़्त पर जब बोलता है
सुरंगों के भेद खोलता है।

वह रंग—
जो दर्शन से कर्म तक की यात्रा में
एक मज़बूत हथियार बन जाता है
अँधेरी सुरंगें तोड़ने के काम आता है।

साजिश

आप मेरे ख़िलाफ़ साजिश करेंगे तो मेरा क्या कर लेंगे?
इस सफ़र पर निकलने से पहले
मैंने अपना स्वप्न घर
आँखों से निकालकर
अपनी हथेली पर धर लिया था
और एक फ़ैसला कर लिया था
कि मेरे पास खोने के लिए सिर्फ़ एक उनींदी दुनिया है
जबकि आपके पास नींद है
नींद के महल हैं
सुरक्षा की जागीरें हैं।

आप मेरे ख़िलाफ़ साजिश कर भी लेंगे
तो अधिक से अधिक
मेरी हथेली पर खड़े एक स्वप्न-घर को गिरा देंगे
लेकिन
मैं आपके नींद महल की नींवें हिला दूँगा
इसलिए आप मेरे ख़िलाफ़ साजिश करते हैं
दरअसल आप मुझसे नहीं
उस आग से डरते हैं
जो मेरी दियासलाई की डिबिया में बन्द है
आप जानते हैं
इस दियासलाई से केवल
एक स्वप्न-घर की लालटेन नहीं जलती
हज़ारों-लाखों घरों की लालटेनें जलती हैं

करोड़ों बीड़ियाँ सुलगती हैं

आप एक साथ जलती
लाखों लालटेनों
और करोड़ों सुलगती बीड़ियों से बहुत डरते हैं
इसलिए आप
मेरी दियासलाई की डिबिया के ख़िलाफ़ साजिशें करते हैं।

जगीरो

पाँच लीटर केरोसीन के लिए
पाँच दिन से चक्कर लगाती जगीरो,
इस समय लम्बी क़तार में खड़ी
कुछ इस तरह से झुक रही है
कि लगता है वह ताक़त
जिससे वह एक भेड़िया दुनिया के ख़िलाफ़
ज़िन्दगी भर लड़ी है,
आज चुक रही है।

उसकी नज़रें क़तार की लम्बाई पर नहीं हैं,
उसकी आँखों में एक स्टोव जल रहा है,
स्टोव पर पतीले में चावल उबल रहा है...
...बड़ा चीख़ता है,
"फिर वह उबला चावल बन रहा है?
आज तो हम चावल के साथ दाल भी खाएँगे
वरना हम स्कूल नहीं जाएँगे।"
जगीरो कहती है,
"तू रोज़-रोज़ क्या बकता है?
वही खाना होगा जो घर में पकता है,
हाँ, आज तेरे लिए मटर पुलाव बनाती हूँ!
दाल को देसी घी का तड़का लगाती हूँ!
बापू से क्यों नहीं कहते हो?
मुझे ही क्यों नोचते रहते हो?"
जगीरो आसपास विलोकती है,

सब की नज़र बचाकर
आँख पोंछती है,
'नोचना' जगीरो के लिए एकमात्र एक शब्द नहीं—
उसकी व्यथा-गाथा का मर्म भाव है,
उसकी ज़िन्दगी का सबसे गहरा घाव है
जिसे उसने भेड़िये से लेकर ख़रगोश तक से पाया है
किन्तु घर की बूढ़ी दीवार तक से छिपाया है।
इस वक़्त भी
वह घाव उसकी आँखों में नहीं है,
उसकी आँखों में सिर्फ़ एक स्टोव जल रहा है,
स्टोव पर चावल उबल रहा है...
...बड़े का बापू जल-भुन रहा है,
जगीरो के लिए गालियाँ धुन रहा है,
"बिल्ली बूढ़ी हो जाती है,
छीछड़ों के ख़्वाब देखने से बाज़ नहीं आती है—
रांड कहीं मटक रही होगी,
किसी से चटक रही होगी!
आज उसको ऐसा चटकाऊँगा,
हड्डियाँ तोड़ डालूँगा
मांस नोच खाऊँगा..."

जगीरो के शरीर को झटका-सा लगता है
और आँखों में जलता स्टोव भभककर बुझता है
स्टोव बहुत पुराना हो चुका है
न जाने उसका क्या-क्या खो चुका है—
वही है जो इसको जलाती है
एक भेड़िये और चार ख़रगोशों का खाना बनाती है,
भेड़िया फिर भी गुर्राता है,
ख़रगोशों को डराता है,
उसका मांस नोच-नोच खाता है।

भीड़ डिब्बा-दर-डिब्बा आगे सरकती है
लेकिन जगीरो अपनी जगह पर खड़ी रहती है,
आज घर नहीं जाएगी,

स्टोव नहीं जलाएगी।

सहसा भीड़ में एक हलचल-सी होती है,
क़तार से उखड़ी एक बच्ची रोती है—
उसका डिब्बा किसी ने उठा लिया है,
उसके भाई को पीट कर भगा दिया है।
जगीरो बच्ची को गोद में उठाती है,
उसके गालों को सहलाती है,
"सुन, छोटी जगीरो के दुख छोटे होते हैं,
बड़ी जगीरो के दुख बहुत-बहुत बड़े होते हैं।"

बच्ची की रोती आँखों में
एक चमक-सी कौंध जाती है
जब जगीरो मज़बूत हाथों से
अपने डिब्बे को आगे सरकाती है
और उसकी आँखों में
कई स्टोव एक साथ जल उठते हैं।

ख़तरा

जब तक अख़बारों में
क़ीमतों के और बढ़ने की ख़बर आती है
और घर के छोटे-छोटे ख़र्चों को लेकर
मेरी पत्नी और मेरे दरम्यान
गृहयुद्ध शुरू हो जाता है
तो देश की सरहदों पर
दुश्मनों की फ़ौजें खड़ी कर दी जाती हैं—
        देश ख़तरे में है
        चीज़ों की बढ़ती क़ीमतों को भूल जाओ
        राशन की दुकानों पर लम्बी क़तारों की ओर मत देखो
        देखो सिर्फ़ देश की सरहदों पर तैनात दुश्मनों की फ़ौजों को।

तुम्हारे गृहयुद्ध से देश को इतना ख़तरा है
जितना दुश्मनों की फ़ौजों से
तुम अपनी पत्नी को समझा क्यों नहीं सकते
अपने ख़र्चे कुछ घटा क्यों नहीं सकते
मसलन, बच्चों को स्कूल भेजना छोड़ दो
पढ़ने-लिखने में क्या रखा है
जबकि तुम्हारे वर्ग का हर बच्चा
        हाथ-पाँव के धंधों में बहुत पक्का है
        अपने मेहनतकश बच्चों को घर का बोझ उठाने का प्रोत्साहन दो
        और ख़ुद देश की सरहदों की ओर ध्यान दो।

ध्यान—
देश की सरहदों की ओर तो जाता है
लेकिन हर बार

रास्ते से लौट आता है
और श्वास-रोग से पीड़ित पत्नी के साथ
घर की रसोई में उलझ जाता है।

मेरी आँखों में दोपहर के भोजन का लालच है
लेकिन रसोई का चूल्हा मुझे लजाता है
अलबत्ता बच्चे 'दोपहर का भोजन'[1] कर रहे हैं
बासी रोटियों को लेकर आपस में लड़ रहे हैं
साथ में माँ की हड्डियों को चबा रहे हैं
एक आदमी को गालियाँ सुना रहे हैं।

मेरा ध्यान पत्नी की हड्डियों
　　और बच्चों की गालियों की ओर जाता है

लेकिन हर बार
देश की सरहदों पर लौट आता है
जहाँ दुश्मन की फ़ौजें तैनात हो चुकी हैं
और देश ख़तरे में है।

---
1. अमरकान्त की प्रसिद्ध कहानी

दुख

'दुख को सहना
कुछ मत कहना'—
बहुत पुरानी बात है।

दुख सहना, पर
सब कुछ कहना
यही समय की बात है।

दुख को बनाके एक कबूतर
बिल्ली को अर्पित कर देना
जीवन का अपमान है।

दुख को आँख घूरकर देखो
अपने हथियारों को परखो
और समय आते ही उस पर
पूरी ताक़त संचित करके
ऐसा झड़पो
भीगी बिल्ली-सा वह भागे
तुम पीछे, वह आगे-आगे।

दुख को कविता में रो देना
'यह कविता की रात है'
दुख से लड़कर कविता लिखना
गुरिल्ला शुरुआत है।

अंग-संग

मेरे अंग-संग रहो
मेरे प्रियजनो!
मेरी हिफ़ाज़त करो
मुझे इस समय तुम्हारी इतनी ज़रूरत है
जितनी युद्ध में सिपाही को अपने हथियार की होती है।
दुश्मन नई साजिशें रच रहा है
हमारे साथियों को
छोटे-छोटे लालचों से
अपने पक्ष में कर रहा है।

मेरे प्यारे कामरेड, रामाचल!
आ, तू अपनी पूरी जमात के साथ आ
मेरी ढाल बन
मेरे अंग-संग चल
इन कमज़ोर क्षणों में
तू मुझे दे इतना बल
कि भूल जाऊँ मैं
उन दोस्तों का छल
जो कर गए हैं हमसे घात
और छोड़ा है उस समय हमारा साथ
जब शब्द ठीक काम करने लगे थे
और शब्दों की ताक़त से
हम ठीक हथियार गढ़ने लगे थे।

कामरेड रामाचल,
शब्द और हथियार का इस्तेमाल
हज़ारों कंठों
लाखों हाथों की माँग करता है
इसलिए साथियों के छूट जाने का भाव
एक ज़ख़्म तो करता है।

आओ
हम अपने-अपने ज़ख़्म
एक-दूसरे को दिखाएँ / सहलाएँ
लेकिन इन्हें अपनी जमात से बिलकुल न छिपाएँ
मरहम तो आख़िर जमात ही लगाएगी
एक माँ की तरह आँसुओं को पोंछेगी
दुलराएगी
और फिर पीठ ठोंककर
हमारी शक्ति को बढ़ाएगी।

चीख़

अब चीख़ने से क्या फ़ायदा
दीवारें इतनी ऊँची उठ चुकी हैं
कि इनके भीतर
तुम केवल अपनी आवाज़ की अनुगूँज ही सुन पाओगे
और जब दीवारों से अपना सिर टकराओगे
तो अपनी हथेली पर
अपना ही ख़ून पाओगे।
इस तरह ख़ून बहाने से कोई फ़ायदा नहीं
अपनी सुरक्षा के चक्रव्यूह में
मारा गया आदमी
कभी शहादत नहीं पाएगा
इतिहास के पन्नों में याद नहीं किया जाएगा
इतिहास अंधा नहीं होता
इतिहास देखता है
इन्तज़ार करता है
इतिहास बड़ा क्रूर होता है
लेकिन एक बहादुर माँ की ममता-सा मजबूर होता है।
समय है कि तुम अब भी
अपनी चीख़ को
एक ख़तरनाक छलाँग में बदल डालो

जब तुम अपने घायल शरीर को लेकर
इन दीवारों से बाहर आओगे
तो हज़ारों लाखों ममता भरे हाथ

अपनी सुरक्षा के लिए पाओगे
और जब
इन दीवारों के रहस्यतंत्र को
तोड़ने के लिए
हज़ारों लाखों फावड़ों के बीच
तुम अपना पहला फावड़ा उठाओगे
तो इतिहास की विशाल बाँहों को
अपने लिए खुला पाओगे।

फ़र्क़

एक छोटी-सी बात को लेकर
मैं बहुत रोया
रोने के बाद बहुत सोया
सोकर उठा तो बहुत सोचा
क्या हर आदमी रोता है?
मार्क्स एंगिल्स और लेनिन भी रोये थे?

हाँ ज़रूर रोये थे
लेकिन, रोने के बाद कभी नहीं सोये थे
अगर वे इस तरह सोये रहते
तो दुनिया के करोड़ों लोग कभी न जाग पाते।

खिड़कियाँ

जिन घरों में खिड़कियाँ नहीं होतीं
उनमें रहने वाले बच्चों का
सूरज के साथ रिश्ता किस तरह का होता है?

सूरज उन्हें उस अमीर मेहमान-सा लगता है
जो किसी सुदूर शहर से
कभी-कभार आता है
एकाध दिन के लिए घर में रुकता है
सारा वक़्त माँ से हँस-हँस के बतियाता है
और जाते समय
उन सबकी मुट्टियों में
कुछ रुपए ठूँस जाता है।

जिन घरों में खिड़कियाँ नहीं होतीं
वहाँ से धूप बाहर की दीवार से लौट जाती है
जैसे किसी बच्चे के बीमार पड़ने पर
माँ की कोई सहेली मिज़ाजपुर्सी के लिए तो आती है
किन्तु घर की दहलीज़ से ही
हाल पूछकर चली जाती है।

जिन घरों में खिड़कियाँ नहीं होतीं
वहाँ के बच्चों को रोशनी की प्रतीक्षा—
कुछ इस तरह से होती है
जिस तरह राखी के कुछ दिनों के बाद

घर के सामने से
पोस्टमैन के गुज़र जाने के बाद
माँ पहले पोस्टमैन को कोसती है
बाद में रसोई में जाकर
अपने भाई की मजबूरी को समझकर
बहुत रोती है।

जिन घरों में खिड़कियाँ नहीं होतीं
उनमें रहने वाले बच्चों का
चाँद के साथ रिश्ता किस तरह का होता है?

वह उन्हें एक अद्भुत चोर-सा लगता है
जो हर रात किसी गुप्त दरवाज़े से आता है
उनके हिस्से की रोटियाँ चुरा के ले जाता है

जिन घरों में खिड़कियाँ नहीं होतीं
वहाँ पर चाँदनी कुछ इस तरह से आती है
जैसे किसी खिड़कियों वाले घर में
पक रहे पकवानों की ख़ुशबू
दूर तक के घरों में फैल जाती है।

जिन घरों में खिड़कियाँ नहीं होतीं
वहाँ पर कोई लोरियाँ नहीं गाता
चाँद को चंदा मामा नहीं कहता
पियक्कड़ पिता की आवाज़ ही बच्चों को सुलाती है
और किसी औरत के सिसकने की आवाज़
चौकीदार के 'जागते रहो' स्वर में खो जाती है।

यात्रा...भीतर-बाहर

काली हवा का एक झोंका कहीं से आता है
और मेरा परिवार, प्रियजन, दोस्त, दुश्मन
घर, नगर, बाज़ार
मुझसे कहीं दूर चले जाते हैं
या मैं ही कहीं दूर चला जाता हूँ
काली हवा के संग
हिम-प्रदेशों की ओर
बर्फ़ की शिलाओं पर
और सहसा पहुँच जाता हूँ किसी अन्धी गुहा में
जहाँ चारों तरफ़ फैला हुआ ठंडा अँधेरा है

इस ठंडे अँधेरे में
यात्रांत की प्रतीक्षा में
मेरे शरीर पर कुछ हिमशिला-सा टूटता है
और लगता है कि मेरी देह के
सारे धर्म अब छूट जाएँगे
आलोकित रास्तों के पेड़-पौधों पत्तियों से
सभी नाते टूट जाएँगे
तभी मैं देखता हूँ
हिमगुहा के द्वार पर शायद कोई कंदील जलती है
जो जलते इंगितों से
मेरे हिमबिद्ध शरीर को वापस पुकारती है
इसी जलते इशारे पर मैं वापस लौट आता हूँ—
कि घर नगर परिवार प्रियजन प्रतीक्षारत होंगे

आग के तोरण सजाकर
मुट्ठियों में आँच भर
स्वागत करेंगे।

और मैं—
नगर में लौट आता हूँ
अपनी पूरी जिजीविषा से
एक सूर्य-द्वार खटखटाता हूँ।

अरक्षित

वे रोज़ आते हैं
काले नकाबों में, चिकने शरीर, लम्बे बलिष्ठ
पहचाने नहीं जाते।
जब मैं उन्हें पकड़ने की कोशिश करता हूँ
तो हाथों से फिसल जाते हैं
और भाग जाते हैं अँधेरे में अचीन्हे
इस तरह वे रोज़ आते हैं।

और मैं भयातुर प्रतीक्षा में
अपनी सुरक्षा के उपाय सोचता हूँ
जबकि मैं जानता हूँ
कि आत्म-रक्षा के समूचे शस्त्र
जो मुझको विरासत में मिले थे
पुराने पड़े गए हैं, कुंठित हो चुके हैं
अब मेरा सब कुछ अरक्षित है
मेरा शरीर, शरीर की सम्भावनाएँ
मेरे संकल्प, आकांक्षाएँ, स्थापनाएँ
अस्तित्व की सहजताएँ
इस तरह वे रोज़ मेरी नंगी भुजाओं से निकल जाते हैं
और मेरे हाथों में
अपने चिकने शरीरों की मतली-भरी दुर्गंध छोड़ जाते हैं
इस दुर्गंध को लेकर
मैं जाऊँ तो किधर जाऊँ

बाहर जाऊँगा तो लोग भाग जाएँगे
बच्चे दूध पीना छोड़ देंगे।
और जब पार्क के सारे गुलाबों पर
मेरे हाथों की दुर्गंध फैल जाएगी
तो लड़कियाँ उदास हो जाएँगी
और जब मेरी माँ को
मेरे शरीर से अपने दूध की गंध नहीं आएगी
तो वह मुझे पहचानने से इनकार कर देगी।

नहीं, मैं बाहर नहीं जाऊँगा
भीतर तो मैं अरक्षित हूँ
बाहर अजनबी बन जाऊँगा
लेकिन—
मैं इन सारी आशंकाओं के साथ
बाहर आता हूँ
और एक जुलूस में शामिल हो जाता हूँ
नारे लगाता हूँ
और अपने शरीर को सुरक्षित पाता हूँ।

मेरी माँ मुझे स्वीकार लेती है
काले नकाबपोशों के रहस्य बतलाती है
और उनसे लड़ने के तरीक़े सिखाती है।

लेकिन इस बार

हाँ, पहले भी ऐसे—
कई बार हो चुका है।
हर बार वह
एक खँडहर मकान
कटे हुए पेड़
फटे हुए झंडे
एक सूख रहे दरिया की तरह वापस आया है।

पहले हर बार—
वह अपना दुख किताबों को सुनाता था
उनसे कुछ ताक़त पाता था
इस बार वह
केवल एक पुरानी कविता गुनगुनाता है
एक लम्बी...बहुत लम्बी कविता
दुनिया की सबसे बड़ी नदी जैसी कविता
दुनिया की सबसे ऊँची मीनार जैसी कविता
एक विशाल दीवार जैसी कविता...।
शायद यही कविता उसे बचा रही है
दरिया की ओर बढ़ते रेगिस्तान को पीछे हटा रही है
वरना उसके शरीर से जो बदबू आ रही है
वह तो उसे—
उस गर्त की ओर बढ़ा रही है
जिसका इन्तज़ाम उसी दिन हो गया था
जब उसने अपना पहला क़दम

उनकी सुरक्षित दुनिया में बढ़ाया था
और ज़ोर से एक ठहाका लगाया था।
उसने समझा था
वे उसके ठहाके से डरने लगे
यह उसका भ्रम था
दरअसल वे डरने का नाटक करने लगे,
क्योंकि वे उसके चोर मन को जानते थे
रोशनी के शराबी बिम्बों वाली कविता के प्रति
उसके मोह को पहचानते थे
वे जानते थे
कुछ कहने के लिए जब वह अपना मुँह खोलेगा
उसका चोर उसके ख़िलाफ़ बोलेगा।
वे जानते थे—
ज़िन्दा आदमी को किस तरह
गर्त में उतारा जाता है
जो आदमी ज़हर से नहीं मरता
उसे किस तरह मोह से मारा जाता है।

हाँ, पहले भी ऐसे कई बार हो चुका है
कि वह पराजित लौट कर आया है
लेकिन इस बार....
वह अपने शरीर में
एक मरे हुए मोह की बदबू लाया है।

इस बदबू से उसे
अब वही पुरानी अनगढ़ कविता ही बचाएगी
खुरदरे हाथों वाली एक श्रमजीवी कविता
जो ऊँची मीनार पर
एक मशाल की तरह जलती है
एक विशाल दीवार पर
मज़बूत क़दमों से चलती है।

रंग-भेद

कभी-कभी यह शहर
मेरा भी होता है
कम से कम उस रोज़
जब कसौली की सुरमई पहाड़ियों पर पड़ी बर्फ़
एक साँवली लड़की के दूधिया दाँतों की तरह चमकती है
और शहर की धूप से
अठखेलियाँ करती है।

मैं अपने कविता-वर्ष की पहली कविता लिखता हूँ
और सारे शहर में फैल जाता हूँ
शराबख़ानों, दोस्तों के अड्डों, प्रियजनों के घर
न जाने
कहाँ-कहाँ अपनी नवजात कविता को लिए फिरता हूँ।
शहर की फ़िज़ां में
एक ख़ुशबू की तरह तिरता हूँ।

जी, मेरी कविता गौरवर्णा नहीं
ज़रा साँवली-सी है
एक संथाल बच्ची की तरह खुरदरी
जो बड़ी होकर
गुलाबी फ्राक नहीं पहनेगी
आइसक्रीम नहीं खाएगी
तितली नहीं कहलाएगी

नंगे पाँव ही अपने लोगों के बीच भाग जाएगी।
...लेकिन ये अपने लोग कौन होते हैं
किस तरह के घरों में रहते हैं
एक नंग-धड़ंग संथाल कविता के बारे में
        किस तरह से सोचते हैं।

यह मुझे अगली सुबह
पता चलता है
जब अख़बार में
कसौली की बर्फ़ और मेरी कविता के बारे में
        ख़बरें एक साथ छपती हैं

कसौली की बर्फ़ तो श्वेता बन जाती है
लेकिन मेरी कविता
एक शराबी पिता की
काली-कलूटी बेटी कहलाती है
जिसके शरीर से सम्भ्रान्त लोगों को
घटिया शराब की बदबू आती है।

उस समय मुझे पहली बार
अहसास होता है
कि इस शहर में ताँगे क्यों नहीं चलते
मैं किसी घोड़े की गर्दन से लिपट कर रोना चाहता हूँ

और बहुत रोना चाहता हूँ
कि जब भी कोई कवि
अपनी कविता को
शहर के सम्भ्रान्त हिस्से में लेकर जाता है,
वह हमेशा टूटकर वापस आता है!

लेकिन मेरी कविता—
मेरी बच्ची
मुझे अपनी साँवली मुस्कान से हर्षाती है
उसकी आँखों में कोई सपना नहीं
एक विश्वास भरी भाषा है

वह मेरी छाती से चिपक जाती है
और उसके अंगों की मज़बूती
मेरी चेतना में फैल जाती है।

समझदार पाँव

वक़्त के साथ
मेरे पाँव बहुत समझदार हो गए हैं
और अब
वे मेरे चाहने के बावजूद
उन घरों में नहीं जाते
जहाँ कमरों के क़ीमती कालीन
मेरी बातों से ख़राब हो जाते हैं।

वे उन घरों में नहीं जाते
जहाँ लोग
चुप्पी की शालीन भाषा में
कला औ' साहित्य चर्चाते हैं
और एक अच्छी कविता पर
आधा इंच से भी कम मुस्कराते हैं।

वे उन गोष्ठी-घरों में नहीं जाते
जहाँ निर्मल वर्मा की कहानी—
'डेढ़ इंच ऊपर' पढ़ी तो जाती है
लेकिन उसके शराबी पात्र का
डेढ़ इंच से अधिक हँसना पसन्द नहीं कर पाते।

मेरे पाँव जानते हैं
मैं केवल हँसता नहीं
गज़ भर लम्बे ठहाके लगाता हूँ

और डेढ़ गज़ ऊपर उठकर
अपनी कविता सुनाता हूँ।

मेरे पाँव जानते हैं—
जब मेरी कविता
ऐसी जगहों में जाती है
हमेशा लड़खड़ाती हुई वापस आती है।
और कीचड़ सनी चप्पलों की भाषा वाली कविता कहलाती है
मेरे पाँव मेरी कविता से अधिक संवेदनशील हो चुके हैं।

अज्ञातवास का अन्तिम दिन

आज मेरे अज्ञातवास का अन्तिम दिन है
यह उन भूमिगत दिनों जैसा अज्ञातवास नहीं
जब
मैं और मेरे साथी
जेबों में बीड़ियाँ और दियासलाई की डिबियाँ
झोलों में किताबें
और दिमाग़ों में कुछ विचार—
        रखने के अपराध में
ख़तरनाक घोषित कर दिये गए थे
नहीं
यह एक थकान-भरी यात्रा का विश्रामखंड नहीं
जिसमें मैं
इस यात्रा के अनुभव-बिम्बों को
अपने बचपन के खिलौनों
किशोर दिनों के ग़रीब कपड़ों
और जवानी के संकल्पों
        के साथ सँजोना चाहता हूँ
दरअसल यह मेरी एक चोर यात्रा का
        आख़िरी पड़ाव है
जहाँ मैं उन लोगों की ठीक पहचान करता हूँ
जो इस यात्रा में
ख़रगोशों की तरह मेरे पास आए
छोटी-मोटी झूठी-सच्ची
सुख-सुविधाएँ लाए

लेकिन जब—
मेरे झोले की किताबों को देखा
दिमाग़ के विचारों को समझा
तो एकदम भेड़ियों की तरह गुर्राये
उस वक़्त मुझे—
कवि सर्वेश्वर बहुत याद आए
'तुम मशाल जलाओ
भेड़िया भाग जाएगा'
तब मैंने अपनी बीड़ी सुलगाई
और मेरे विचार मशालों की तरह जल उठे।

मीरा मजूमदार का कहना है

सामने क्वार्टरों में जो एक बत्ती टिमटिमाती है
वह मेरा घर है
इस समय रात के बारह बज चुके हैं
मैं मीरा मजूमदार के साथ
मार्क्सवाद पर एक शराबी बहस करके लौटा हूँ
और जहाँ से एक औरत के खाँसने की आवाज़ आ रही है
वह मेरा घर है।

मीरा मजूमदार का कहना है
कि इंक़लाब के रास्ते पर एक बाधा मेरा घर है
जिसमें खाँसती हुई एक बत्ती है
काँपता हुआ एक डर है।

इंक़लाब मीरा की सबसे बड़ी हसरत है
लेकिन उसे अँधेरे क्वार्टरों
खाँसती हुई बत्तियों से बहुत नफ़रत है।

वह ख़ुद खनकती हुई एक हँसी है
जो रोशनी की एक नदी की तरह बहती है
लेकिन अपने आपको गुरिल्ला नदी कहती है।

मीरा मजूमदार इंक़लाबी दस्तावेज़ है
पार्टी की मीटिंग का नया गोलमेज़ है।

मीरा मजूमदार एक क्रान्तिकारी कविता है
अँधेरे समय में सुलगती हुई सविता है।
उसकी हँसी में एक जनवादी आग है
जिससे इंक़लाबी अपनी सिगरेटें सुलगाते हैं
इंक़लाब के रास्ते को रोशन बनाते हैं।

मैंने भी आज उसकी जनवादी आग से
अधजले सिगरेट का एक टुकड़ा जलाया था
और जैसे ही मैंने उसे उँगलियों में दबाया था
झट से मुझे अपना क्वार्टर याद आया था।

मीरा मजूमदार तब—
मुझको समझाती है
मेरे विचारों में बुनियादी भटकाव है
कथनी और करनी का गहरा अलगाव है
मेरी आँखों में जो एक बत्ती टिमटिमाती है
मेरी क्रान्ति-दृष्टि को वह धुँधला बनाती है
और जब भी मेरे सामने
कोई ऐसी स्थिति आती है—
एक तरफ़ क्रान्ति है और एक तरफ़ क्वार्टर है
मेरी नज़र सहसा क्वार्टर की ओर जाती है

ख़ुदा का चेहरा

एक दिन मैं शराब पीकर
शहर के अजायबघर में घुस गया
और पत्थर के एक बुत के सामने खड़ा हो गया।
गाइड ने मुझे बताया
यह ख़ुदा का बुत है।

मैंने ख़ुदा के चेहरे की ओर देखा
और डर से काँपता हुआ बाहर की ओर भागा
क्या ख़ुदा का चेहरा इतना क्रूर हो सकता है!
मैं शराबख़ाने में लौट आया
और आदमक़द आईने के सामने खड़ा हो गया
इस बार मैं पागलों की तरह चीख़ा
और शराबख़ाने से निकल आया
आदमक़द आईने में मैं नहीं था
अजायबघर वाले ख़ुदा का बुत खड़ा था।

मैं एक पार्क में पहुँचा
जाड़े की धूप ऊन के गोले की तरह खुल रही थी
और एक लड़की अपने शर्मीले साथी से कह रही थी
आज के दिन को एक 'पुलओवर' की तरह समझो
और इसे पहन लो
और कसौली की चमकती हुई बर्फ़ को देखो
इन दिनों वह ख़ुदा की पवित्र हँसी की तरह चमकती है

ख़ुदा की पवित्र हँसी!
मैं लड़की की इस बात पर ठहाके से हँस दिया।
लड़की एक बार चौंकी
लेकिन उसकी आँखों में डर नहीं था
चमकता हुआ विस्मय था
और वह अपने साथी से कह रही थी
उस शराबी को देखो
वह तो ख़ुदा की तरह हँस रहा है।

एक शरारती कविता

इन बुरे दिनों को हम
भविष्य में कैसे याद कर पाएँगे
और अपनी-अपनी डायरियों में इन्हें
किन शीर्षकों के अन्तर्गत लिख पाएँगे
ये दिन
जो हमने
शराब के अँधेरे में बिताए हैं
हमारी ज़िन्दगी में न जाने कहाँ-कहाँ से भटककर आए हैं।

अमितोज* कहता है
इन दिनों के पीछे हर आदमी के अपने-अपने
कुमार विकल का हाथ है।
मैं कहता हूँ नहीं
यह एक साजिश है
जिसमें एक अनलिखी कविता का साथ है।

शौक़ीन कहता है
"बाई बदमाश हो रहा है
कविता शब्द का ग़लत इस्तेमाल करके रो रहा है

---

* हर मित्रमंडली की एक निजी भाषा होती है जिसे मैंने कविता की भाषा में बदलने का एक प्रयोग किया है। उदाहरणार्थ, जब पंजाबी कवि अमितोज अपनी किसी दोस्त लड़की से मिलने जाता है तो स्थिति की गोपनीयता को बनाए रखने के लिए दोस्तों से कहता है कि मैं कुमार विकल से मिलने जा रहा हूँ। शौक़ान और लोकनाथ (लोकू) पंजाबी के प्रमुख युवा कवि हैं। मुझे वे बाई अर्थात् बड़ा भाई कहकर सम्बोधित करते हैं। —कुमार विकल

अमितोज का क्या है
वह तो आजकल
लोकगीतों में गच रहा है
नागिन को कविता में रच रहा है।"

इसके बाद शौक़ीन
बाई की ग़लत शब्दों वाली

कविता पढ़कर रो पड़ता है
ख़ुदा जाने उसका कुत्ता कहाँ जा फँसता है।

लोकू खिड़की से बाहर
एक भटकता बादल देखकर कहता है
बाई लोगो! कविता और कुत्ते की बात छोड़ दो
पानी बरसने वाला है
अब सब कुछ धुल जाएगा
हर आदमी का आकाश खुल जाएगा।

एक प्रेम-कविता

यह गाड़ी अमृतसर को जाएगी
तुम इसमें बैठ जाओ
मैं तो दिल्ली की गाड़ी पकड़ूँगा
हाँ, यदि तुम चाहो
        तो मेरे साथ
दिल्ली भी चल सकती हो
मैं तुम्हें अपनी नई कविताएँ सुनाऊँगा
जिन्हें बाद में तुम
अपने दोस्तों को
लतीफ़े कहकर सुना सकती हो।

तुम कविता और लतीफ़े के फ़र्क़ को
        बख़ूबी जानती हो।

लेकिन तुम यह भी जानती हो
कि ज़ख़्म कैसे बनाया जाता है
और नमक कहाँ लगाया जाता है

वैसे मैं, अमृतसर भी चल सकता हूँ
वहाँ की नमक मंडी का नमक मुझे ख़ासतौर से
                                अच्छा लगता है।

बुख़ार में दो नदियाँ

[चार लेखक दोस्तों के साथ भेड़ाघाट पर
नौका यात्रा को याद करते हुए]

बुख़ार में दो नदियाँ
क्यों आती हैं एक साथ याद
क्यों याद आते हैं एक साथ
जबलपुर और वजीराबाद*
और चिनाब जैसी उद्दाम नदी बन जाती
भेड़ाघाट की नर्मदा
        गम्भीर और शान्त
भेड़ाघाट की नर्मदा नदी नहीं
                जल गली है
जिसके भूल-भुलैया जलमार्ग पर
                        सुनी जा सकती है
एक रूपवती रानी की भटकती हुई पदचाप।

बुख़ार में क्यों आती है याद
रूपवती रानी के साथ
राबयां के कंठ से निकली किसी
        लोकगीत की तान
जिसे कृष्णा सोबती ने 'ज़िन्दगीनामा' में मेरे लिए
                                        बाँध रखा है
बहुत से शब्द-मेलों के साथ

---

* वजीराबाद कृष्णा सोबती के उपन्यास के परिवेश का चिनाब नदी के किनारे बसा हुआ एक क़स्बा जो अब पाकिस्तान में है। राबयां उक्त उपन्यास की एक अल्हड़ पात्र।

कृष्णा सोबती जानती है
मेले बच्चों को बहुत अच्छे लगते हैं
क्या कृष्णा सोबती यह भी जानती है
कि बच्चे मेलों में, अक्सर खो भी जाते हैं।

...और 'ज़िन्दगीनामा' के शब्द-मेलों
में खोया हुआ बच्चा
अचानक मिल जाता है
जबलपुर के निकट भेड़ाघाट पर
एक नास्तिक कवि के प्रार्थना-गीत सुनता हुआ।
क्या यह नदी भी नास्तिक है
जो नास्तिक शब्द सुनकर विचलित नहीं होती
और धुआँधार पर अपराजेय चट्टानों से
टकराने के बाद
अपने घावों को अमरकांत और काशीनाथ से
छिपाती है
और अपने-आपको कहानी बनने से बचाती है
कालिया नदी को लतीफ़े सुनाता है
जिस पर नदी तो नहीं हँसती
लेकिन राजेंद्र मेहरोत्रा लोट-पोट हो जाता है—

फिर शब्दों का एक मेला जुड़ रहा है
और मेले में खोया हुआ बच्चा
अपने बुख़ार-घर की ओर मुड़ रहा है

क्या ये चारों लेखक भी नहीं जानते
बच्चे मेलों में अक्सर खो जाते हैं।

चित्रकार दोस्तों के नाम

तुम मुझे रंगों की दुनिया में ले चलो
मैं तुम्हें शब्दों के मेले में ले चलता हूँ
शब्द केवल शब्द नहीं होते
उनके पीछे बहुत से लोग होते हैं
रंग-बिरंगे कपड़ों वाले लोग
लेकिन उनके कपड़ों का सबसे मुखर रंग
मिट्टी का रंग होता है,
मिट्टी जिससे सारे रंग जन्म लेते हैं।

तुम मुझे अपने रंगों की दुनिया में ले चलो
जहाँ मेरी माँ की रामायण पढ़ती आवाज़ ले जाती है
क्या तुम मुझे मेरी माँ की आवाज़ का रंग बता सकते हो
जबकि मैं तुम्हारे रंग को एक आवाज़ दे सकता हूँ
आवाज़—
जो मिट्टी की गंध से आती है
और मेरी कविताओं में
तुम्हारे कैनवास पर बिखरे रंगों की तरह फैल जाती है
तुम मेरे शब्दों को रंग दो
मैं तुम्हारे रंगों को शब्द दूँगा।

आज की रात
[नरेश के साथ]

आज की रात हमें
कुछ जगहों पर जाना है
और मक़बरों में पड़े
कुछ लोगों को जगाना है।

और वे सारे कफ़न
जो हमारे कपड़ों में से
चुराकर बनाए गए थे
उन्हें वापस लाना है
और फिर उसके बाद उन्हें
उन्हीं के मक़बरों में
दोबारा दफ़ना कर
अपनी खुली ज़िन्दगी में लौट आना है।

क्या आपने कभी रात को
लाल आँखों वाले ख़रगोश को
झाड़ियों से उछलते हुए देखा है?

इस समय चार लाल आँखें
मशालों की तरह जल रही हैं
शहरों के मक़बरों वाले हिस्से की ओर
चल रही हैं।

पेड़

कभी यह पेड़ था
        कितना घना
देखो अब इसका क्या बना
समय की मार से
        झर गए इसके पत्ते
तोड़कर ले गए लोग
        टहनियों के छत्ते
पीछे रह गया बस
        एक सूखा तना।

कभी यह पेड़ था
        कितना हरा
जैसे कोई कवि
        गीत-कविताओं से भरा।

महाश्वेता

पिछले दिनों
मैंने मृत्यु को बहुत निकट से देखा
महाश्वेता, विशाल काया
सारे शरीर पर बर्फ़ की लोमहर्षक पोशाक
सफ़ेद उँगली के इशारे से मुझे बुलाती हुई
अपनी बर्फ़ानी भुजाओं में
        बाँधने के निमंत्रण देती हुई
शराबख़ाने में मेरे पास खड़ी
मेरे कमज़ोर हाथों में
गिलास-दर-गिलास थमाती रही
मेरे पेट में अल्सर का कैक्टस उगाती रही
मुझे अस्पतालों, मानसिक चिकित्सालयों में
                                        भटकाती रही।
और मेरे शरीर पर अपनी प्रेत-लिपियों में
        तरह-तरह की बीमार भाषाएँ लिखती रही
और मुझे बीमार भाषाएँ सिखाती रही
अपने हिमलोक में मुझे
हिमशिलाओं पर बनीं
मेरे पितरों और प्रियजनों की आकृतियाँ दिखाती रही
मुझे एक हिमशिला से दूसरी हिमशिला तक ले जाती रही।

...और जब मैं
नीम बेहोश हालत में
रात घर को लौटता

तो अक्सर
घर की सीढ़ियों पर
मेरे साथ लेट जाती रही
लेकर हर बार
मेरी जिजीविषा से हार जाती रही।

यह शायद इसलिए
        कि मैंने अपनी जिजीविषा को
एक बहुत बड़े संकल्प की भट्टी में तपाया था
और उससे ऐसा ताप पाया था
कि महाश्वेता की बर्फ़ीली बाँहों में
                सोने के बावजूद
एक बत्ती मेरी आँखों में टिमटिमाती रही
सीढ़ियों के अँधेरे से
कमरे की रोशनी में ले जाती रही।

एक छोटी-सी ख़बर

[अचला कौशिश की स्मृति में]

अच्छे लोगों को गालियाँ मत दो
अच्छे लोग तो नन्हे ख़रगोश होते हैं
और एक लोमड़ी दुनिया में
मस्ती से उछलते कूदते रहते हैं
और किसी एक दिन
चर्चाओं के शिकारी जंगल में
अपने आप को लहूलुहान पाते हैं।

अच्छे लोग तो चंदन के पेड़ होते हैं
जो विषधरों की जकड़न में जवान होते हैं
और ज़िन्दगी के छोटे-बड़े यज्ञों में
समिधा बन होम हो जाते हैं।

अच्छे लोग लालची नहीं होते
वे मानसून के बादलों की तरह आते हैं
और कुछ देर बरस कर
आकाश से चले जाते हैं।

आज अख़बार की बहुत सारी ख़बरों के बीच
एक छोटी-सी ख़बर यह भी है—
कल रात शहर के सबसे बड़े अस्पताल में
एक घायल बादल सिसकता हुआ आया था
और अन्तिम रूप में बरस जाने से पहले
आकाश पर कुछ समय के लिए छाया था।

चिड़ियाँ और कविताएँ

एक

तुम्हारी कविता में सिर्फ़ एक बुलबुल है
मेरी कविता के आँगन में कई पेड़ हैं
जिनमें सैकड़ों चिड़ियाँ
दूर-दराज से आकर
अपने घोंसले बनाती हैं
चोंच-दर-चोंच
अनुभव का चोग़ा
मेरी कविताओं को खिलाती हैं।

दो

तुम जो वर्षा में भीगते हुए
एक बुलबुल की तलाश में रहते हो
क्यों नहीं
उस गौरैया को
एक साँवली चिड़िया का नाम दे देते
जिसने अपना घोंसला
ठीक तुम्हारी नींद के पास बना रखा है?

क्या तुम जानते हो
कि चिड़ियाँ भी बारिश में भीगना चाहती हैं?

तीन

आजकल वह बहुत ख़ुश रहता है
दोस्तों की महफ़िल में
इतने ज़ोर के ठहाके लगाता है
कि मेज़ पर रखे गिलास टूट जाते हैं
और दोस्त बिना बात के रूठ जाते हैं।
रूठे हुए दोस्तों को मनाने के लिए
वह फ़ैज़ की ग़ज़लें गुनगुनाता है
और रेशमा के गीत गाता है।

आजकल वह बहुत ख़ुश रहता है।
बीवी बच्चों से बहुत प्यार करता है
ठीक वक़्त पर दफ़्तर जाता है
ठीक वक़्त पर घर लौट आता है।
आजकल वह बहुत ख़ुश रहता है।
लेकिन इस सब के बावजूद
हर बरसाती रात में
वह अक्सर अकेला घर से निकल जाता है
और पीछे
एक कवितानुमा ख़त छोड़ जाता है—
'उसे एक साँवली चिड़िया के
सिसकने की आवाज़ आ रही है
लेकिन वह सिद्धार्थ नहीं
उस चिड़िया के लिए बस एक घोंसला बनाएगा
और बरसात ख़त्म होने पर
घर लौट आएगा।'

चार

पिछले साल
ठीक इन्हीं दिनों
जो परदेसी परिंदे आए थे

तुमने उनमें से एक चिड़िया को लक्षित किया था
और उसे एक साँवला-सा नाम दे दिया था।
इस बार भी
सभी परिंदे आए हैं
सिर्फ़ वही एक चिड़िया नहीं है
जबकि तुमने
उसके स्वागत के लिए
एक नया नाम रच लिया था
और अपनी नई कविताएँ
उसको समर्पित करने का फ़ैसला कर लिया था।

पाँच

तुम अकेला होने से बहुत डरते हो
इसलिए तुमने
अपने कमरे में
बहुत से घोंसले बना रखे हैं
जिनमें कई साँवली-गोरी चिड़ियों को बसा रखा है।

लेकिन चिड़ियाँ
इन घोंसलों की ग़ुलाम नहीं
हरेक की अपनी-अपनी मुक्त दिनचर्या है
कोई भी तुम्हारे अकेलेपन की
दहलीज़ तक नहीं आती
और जब कभी
कोई आती भी है
किसी वहशी परिंदे से पाए
अपने घाव को लेकर आती है
तुम हरेक के घाव को सहलाते हो
लेकिन चिड़ियाँ आख़िर चिड़ियाँ हैं
स्वस्थ होने पर
अपनी मुक्त दिनचर्या में लौट जाती हैं
फुदकती, चहचहाती हैं

और तुम—
इतने सारे घोंसलों के बीच
पहले से भी अधिक अकेले हो जाते हो।

एक नास्तिक के प्रार्थना-गीत

एक

ये सभी प्रार्थनाएँ
भक्ति गीत
विनय पद
और सभी आस्तिक कविताएँ
एक निहायत निजी ईश्वर को सम्बोधित हैं
जिसे मैंने दुखी दिनों में
रात गए
एक शराबख़ाने की अकेली बेंच पर
पियक्कड़ी हालत में
प्रवचन की मुद्रा में पाया था
"ज़िन्दगी से भागे हुए सिद्धार्थ
वापस लौट आओ
ज़िन्दगी अब भी एक कविता के रूप में
तुम्हारा इन्तज़ार कर रही है"
"मैं जानता हूँ कविता में आदमी की मुक्ति नहीं
लेकिन जब आदमी
कविता को शराब के अँधेरे से निकालकर
श्रम की रोशनी में लाता है
तब वह आदमी की मुक्ति के नये अर्थ पाता है।"

दो

प्रभु जी!
आप देर से आए

अब आपको कौन पिलाए?
शराबख़ाना उजड़ चुका है
दीवारों पर ऊँघ रहे हैं
मेज़ों पर रखे ख़ाली गिलासों के साए
और प्रार्थना की मुद्रा में बैठा
एक शराबी
धीरे-धीरे उचर रहा है
कुछ गीत, कुछ कविताएँ।

आओ, प्रभु जी!
आज रात का अन्तिम काम करें हम
एक शराबी कवि को उसके घर पहुँचाएँ
अँधेरे से उसे रोशनी तक ले जाएँ।

तीन

प्रभु जी! मेरी एक विनय तो सुन लो
सभी प्रार्थनाएँ लेकर मुझसे
एक शराबी कविता दे दो
जो मुझको सस्ती शराब के अड्डों पर ले जाए
जहाँ बूढ़े, बेकार और बीमार रंडियाँ
या छाँटी मज़दूर
ज़हरीली दारू पीकर मर जाते हैं
अख़बारों के कॉलम भर कर
जीवन की क़ीमत जो मरने पर पाते हैं।

चार

प्रभु जी, मुझको नींद नहीं आती है
एक शराबी कविता मुझको
रात-रात भर भटकाती है
सूनी सड़कों, उजड़े हुए शराबख़ानों में

अक्सर मुझे धुत्त नशे में छोड़ अकेला
जाने कहाँ चली जाती है।

प्रभु जी! यह तब भी होता है
जबकि मुझको ठीक पता है
यह तो वर्ग शत्रु कविता है
मुझको भटकाना ही इसका काव्य-धर्म है
मुझको आहत करना इसका वर्ग-कर्म है।
फिर भी इसके एक इशारे पर मैं खिंचता ही जाता हूँ
बार-बार आहत होता हूँ
बार-बार छला जाता हूँ।

प्रभु जी, मुझको ऐसा बल दो
तोड़ूँ मैं इस मोहक छल को।

पाँच

[साम्यवादी देशों और दलों के नाम]

जीवन ज्योति जले बुझ जाए,
लेकिन कविता काम न आए।
ऐसा अग्निदान दो, प्रभु जी,
कविता ही सूरज बन जाए।

अब तक अँधेरे में प्रभु जी,
एक मशाल लिए फिरता था।
दुनिया रोशन कर दूँगा मैं,
ख़ुद को दिये-दिये फिरता था।

देख रहा हूँ मगर अँधेरा,
दुनिया में बढ़ता जाता है।
जो विश्वास लिए फिरता था,
ख़ुद से ही लड़ता रहता है।

ऐसे संकट-क्षण में प्रभु जी;
कवि को ही कंदील बनाओ।
मेरे लड़ते विश्वासों को,
पास बुला कर कुछ समझाओ।

अँधेरों की साजिश है यह,
रोशनियाँ आपस में उलझें।
प्रभु जी, तुम्हीं जतन करो कुछ,
रोशनियों के झगड़े सुलझें।

वरना इस संकट-वेला में,
कवि की उमर तो ढलती जाए।
तिस पर उसको सतत सताएँ,
शंकाओं के बढ़ते साए।

जीवन-ज्योति जले बुझ जाए,
लेकिन कविता काम न आए।

छह

[अमितोज के लिए]

प्रभु जी कोई ऐसी युक्ति करो,
दास को कविता-मुक्त करो।
कविता छलनी, भाषा नटिनी—
        ने इतना भरमाया।
इसके ड्राइंग रूम की शोभा
बन कर समय गँवाया।

भूल गया मैं अपनी हस्ती,
छोड़ी सारी फाका-मस्ती।
जब इस विष—कविता ने मुझ को,
एक सुरक्षा की चाहत का—
        मीठा ज़हर पिलाया।

दास को विष-उन्मुक्त करो,
प्रभु जी कोई ऐसी युक्ति करो।

ह्रासकाल की ढलती कविता—
में जब कोई कवि रच जाए,
भाषा-छल के बावजूद वह;
एक पतित कवि ही कहलाए।

ऐसे कवि की सृजनशीलता,
अनुभव, चिन्तन, काव्य-धर्मिता—
एक बीमार समय के लक्षण;
ख़ुद में रोग बनें कि जिससे—
कवि तो जीते जी मर जाए।

दास को जीवन-युक्त करो,
दास को कविता-मुक्त करो,

प्रभु जी कोई ऐसी युक्ति करो।

सात

जब मैं दुनिया के पहले शराबख़ाने की कल्पना करता हूँ
तो मुझे कविता और ईश्वर
एक साथ पी रहे नज़र आते हैं
ईश्वर धुत्त हो चुका है
और ढेर-सी शराब पीने के बावजूद
कविता की सजग आँखों में
अब भी एक शिकायत-भरी प्रतीक्षा है—
"कवि, तुम इतनी देर से क्यों आते हो
एक समय के बाद कविता की उम्र ढल जाती है
तब वह किसी कवि के काम नहीं आती है।"

"मैं जानती हूँ तुम कहाँ थे

गाड़ी-लोहारों के अड्डे में दारू पी रहे थे
और यहाँ आने के लिए अपनी फटी कमीज़ को सी रहे थे
मैं जानती हूँ, तुम्हें वहाँ एक सुख मिलता है
लेकिन इस धुत्त पड़े ईश्वर को देखो
इसे मेरे सम्भ्रान्त शरीर के छंदों से
दुख मिलता है।"

"कवि सुना है, गाड़ी लोहारों के अड्डे में भी एक कविता
आती है
जो रात-रात भर
नाचती है गाती है।"

"कवि, सुनो तो।
आख़िर तुम्हारी क्या मजबूरी है
जो अपने अड्डे को छोड़कर यहाँ आते हो
एक कविता से दूसरी कविता तक भटकते रहते हो।"

आठ

जीवन-भर की व्यथा-कथा को
कविता में कहना चाहा था
एक सुलगते वन को मैंने
महाकाव्य लिखना चाहा था

लेकिन प्रभु जी, महाकाव्य से
जीवन जंगल बहुत बड़ा था
और हमारा जीवन-जल भी
धीरे-धीरे सूख चला था

प्रभु जी, आओ मिलकर ऐसी
कोई नदिया ढूँढ़ निकालें
जिसके जल से एक सुलगता—
जंगल चंदन-वन बन जाए

कविता से भी बड़ी नदी का
जल मैंने पीना चाहा था
महाकाव्य से बड़ी विधा को
शब्दों में रचना चाहा था

प्रभु-प्रवचन

महाकाव्य से बड़ी विधा हो
शब्दों से बाहर है प्रियवर
जंगल आग नहीं बुझ सकती
केवल कविता का जल लेकर

जन-संघर्ष की महानदी को
बीच आग के लाना होगा
नई विधा पाने की ख़ातिर
अपना तन झुलसाना होगा

जंगल की इस आग से लड़ना
अपने युग का महासमर है
कविता में रण-कौशल रचने—
का यह बहुत बड़ा अवसर है

कविता का यह कठिन समय है
इसकी अग्नि परीक्षा होगी
आने वाले कल के कवि की
महासमर में दीक्षा होगी।

कविता-कर्म

बड़े कवि के लिए
कविता-कर्म
मुश्किल काम तो हो सकता है
लेकिन एक छोटे कवि के लिए
यह एक दुविधा है
जैसे
अँधेरे और रोशनी की
दहलीज़ पर
खड़े बच्चे के लिए
चुनाव करना

ज़ाहिर है बच्चा
रोशनी की तरफ़ जाएगा
क्योंकि वह
अँधेरे के दुखों को
देखकर आया है

अब कवि
एक मदारी बनकर
बच्चे को
रोशनी के मज़मे में
लेकर चलता है
मदारी ने पूछा—
चिड़िया के बाद

और
कौवे से पहले
किस चीज़ ने
पानी पिया था?
उसका नाम क्या है?

ख़ौफ़नाक समय के बच्चे

कितना ख़ौफ़नाक समय है
जब बच्चे इतने ख़तरनाक सवाल पूछते हैं
कि उनका जवाब देने के लिए
हम इस हताश ढंग से
निरुत्तर हो जाते हैं
कि उन्हें पीटने लगते हैं
जबकि हम जानते हैं
किसी को पीटना
        मारना
किसी सवाल का जवाब नहीं
बच्चे तो हमेशा
नये-नये सवाल पूछते आए हैं
और भविष्य में भी पूछते जाएँगे
जैसे
मछलियाँ चश्मे क्यों नहीं पहन लेतीं
ताकि मछेरों को देख पाएँ
और उनके जालों से भाग जाएँ,

हमारी चिन्ता तो यह है
हमारे बच्चे खिलौनों की बातें क्यों नहीं करते
दादी माँ से कहानियाँ नहीं सुनना चाहते
वे जानना चाहते हैं
लोकल बस में
जिस अंकल के प्लास्टिक-डिब्बे में
दो सूखी रोटियाँ

और थोड़ा-सा अचार था
उसकी पुलिस ने तलाशी क्यों ली
पुलिस ने उसे क्यों पीटा
        क्यों मारा...

...माँ, जिन लोगों से तुम नफ़रत करती हो
क्यों हमें
वे अक्सर
अपनी साइकिलों पर स्कूल से घर छोड़ जाते हैं
क्यों हमें
वे आइसक्रीम खिलाते हैं
हमारे गालों को चूमते हैं
बालों को सहलाते हैं...

...पिता,
'कर्फ़्यू' कहाँ से आता है
कितनी अच्छी चीज़ है यह कर्फ़्यू
हमें स्कूल नहीं जाना पड़ता
और तुम्हें काम पर...

...ओ माँ!
ओ पिता!
इतने अच्छे दिनों में भी
तुम दोनों दुखी-दुखी क्यों रहते हो?
जब हम बच्चे सवाल पूछते हैं
तुम इस हताश ढंग से
निरुत्तर हो जाते हो
कि अपने-आपको
हमें पीटता हुआ पाते हो
जबकि तुम जानते हो
किसी को पीटना
            मारना
किसी सवाल का जवाब नहीं।

पुनरारम्भ

चलो,
विजय कुमार
फिर से शुरू करें
अभी तो नदी का पानी
किनारों तक नहीं आया
जब तक नदी के तट सुरक्षित हैं
तुम फिर से शुरू कर सकते हो

...तुम्हारे प्राइमरी स्कूल की घंटी बज रही है
घंटी की टन टन आवाज़ के साथ
एक बच्चे का बस्ता भारी हो रहा है
पहले केवल एक 'क़ैदा' था
फिर तख़्ती
फिर सलेट और खड़िया
फिर हिन्दी की पहली पाठशाला
यह है मेरी पाठशाला...

...पिता तड़के ही उठते हैं
गोरों की छावनी में
डबलरोटी-मक्खन बेचने जाते हैं
अर्ध-निद्रा में बच्चा पीछे चल रहा है
और स्कूल की घंटी बज रही है
टन-टन-टन
तन-दर-तन

मन-दर-मन
अंग्रेज़ी की पहली किताब
लैसन नम्बर वन...

...छावनी में
एक गोरा परिवार नाश्ता कर रहा है
बच्चा
बँगले की झाड़ी में छिपा हुआ
डर रहा है
वह आज डबलरोटी देर से लाया है
जबकि ख़ुद उसने अभी तक
कुछ नहीं खाया है
मक्खन-डबलरोटी का स्वाद कैसा होता है
वह अब तक जान नहीं पाया है
आज
जब उसकी दाढ़ी के बाल सफ़ेद हो रहे हैं
और उसके घर में
दो बच्चे निश्चिंत सो रहे हैं

वह दाढ़ीवाला बच्चा
इतना डरपोक है
कि लाख चाहने के बावजूद
मक्खन-डबलरोटी का स्वाद
कभी पूछ नहीं पाया है
जबकि सादा जीवन नाम का पाठ
उसे आज भी पूरी तरह याद है
डबलरोटी खाने से मैदा ख़राब होता है
मक्खन रक्तचाप को बढ़ाता है
और प्राइमरी स्कूल में ही बुढ़ापा आ जाता है...

...एक बूढ़ा बच्चा
स्कूल की घंटी बजा रहा है
टन-टन-टन
तन-दर-तन

मन-दर-मन
घंटी बजा रहा है
स्कूल से छुट्टी पाने की
अनाज मंडी की दुनिया में जाने की
जहाँ वह
गुड़-चावल-अखरोट-खुमानी
इस तरह चुराता है
जैसे वह
बर्फ़ानी सर्दी में
अपने पिता से
अपनी ख़ाकी निक्कर की
जेबों को छिपाता है

जेबें अब बूढ़ी हो चुकी हैं
लेकिन प्राइमरी स्कूल की घंटी
अब भी बज रही है
और नदी के तटों से
घंटी की अनुगूँज उठ रही है—
—नदी के तट अभी सुरक्षित हैं
और विजय कुमार
तुम फिर से शुरू करो
फिर से पढ़ो
अपनी पाठशाला की
पहली पाठमाला का पहला पाठ।

तय तो बहुत-कुछ था

[सलिल दत्त की स्मृति में]

तय तो यह था
तुम मुझे एक डॉक्टर के पास ले जाओगे
औ' मुझे शराब के अँधेरे से निकालकर
एक उजली दुनिया में ले आओगे
जहाँ रोशनी के बिम्ब
मेरा इन्तज़ार कर रहे होंगे

तय तो यह था
एक ईश्वर-विहीन दुनिया में
हम आस्तिक बन जाएँगे
और
अपना-अपना ईश्वर ढूँढ़ने के लिए
हम शहर के
कार्निवल में जाएँगे
जहाँ
तुम मुझे
लम्बे बालों वाली
एक जिप्सी लड़की से मिलाओगे
और सूरज से थोड़ी-सी आग माँगकर
उससे सिगरेट सुलगाओगे

तय तो यह था
हम ईश्वर की तलाश में

एक दिन रोज़ गार्डन जाएँगे
हम फूलों की भाषा में बोलेंगे

और धूप की प्रयोगशाला में
रंगों के भेद खोलेंगे।
हम बच्चों को पॉप-कॉर्न खिलाएँगे
उन्हें छोटी-छोटी गालियाँ सिखाएँगे
उनकी माँओं
और स्कूल की मास्टरनियों के नाम पूछेंगे
और अपने नामों के कार्ड
उनकी जेबों में छोड़ आएँगे

तय तो बहुत-कुछ था
किन्तु यह तो बिलकुल तय नहीं था
कि तुम अपने नाम का कार्ड
एक गुमनाम रेलगाड़ी के ख़ाली डिब्बे में
लेटे लावारिस कोट की जेब में छोड़ जाओगे
और अपनी बूढ़ी माँ,
शरारती बहनें के रोने के लिए
एक अँधेरा रचाओगे
जिससे निकालकर
तुम मुझे रोशनी की दुनिया में लाना चाहते थे।

धरा समर्पण

मैं यह धरती
उन सभी लोगों को सौंपता हूँ
जो इस धरती से बहुत प्यार करते हैं
और इतना प्यार करते हैं
कि हज़ार दुख सहने के बाद
इस धरती से लाख मनुहार करते हैं।
क्योंकि यह धरती
लाख दुखों के बावजूद सुखदा है
इसके पास बहुत बड़ी सम्पदा है।
मैं यह सम्पदा
अपने एक दोस्त की बच्ची को सौंपता हूँ
जिसकी आँखें कहती हैं
धरती मेरे सामने इस तरह है
जैसे मेरे पापा का दिया हुआ खिलौना है
इस बच्ची की आँखों में विश्वास है
इस खिलौने को कोई तोड़ नहीं पाएगा
जब तक मेरे पापा का प्यार मेरी आँखों में मुस्कराएगा।
मैं यह धरती
दुनिया की सबसे बड़ी मशक़्क़त औरत को सौंपता हूँ
जो स्टील-भट्टी के विद्युत ताप को देखते हुए
धरती की आँच से प्यार करने लगी है
                    और जानने लगी है
कि स्टील प्लांट केवल पिघला या बना सकता है
लेकिन धरती की आँच
अरबों लोगों की रोटियाँ पकाती है

आदमी को जीवन-सुख का स्वाद बताती है।
मैं यह धरती
दंतकथा वाली नानी माँ को सौंपता हूँ
जिसने कहा था
इस धरती पर आने से पहले
मैं चाँद पर रहती थी
यह धरती चाँद से बहुत सुन्दर है
जो इस धरती को मिटाएगा
चाँद की दलदल में मर जाएगा।
मैं यह धरती
शंकर चित्रकला प्रतियोगिता में भाग लेने वाले
बच्चों को सौंपता हूँ
जो अपने रंग इस तरह उड़ाएँगे
कि जैसे वे अंतरिक्ष में पहुँच जाएँगे
मैं जानता हूँ
ये रंग अंतरिक्ष में कभी पहुँच नहीं पाएँगे
मैं हर अंतरिक्ष-यात्री को बताऊँगा
कि धरती पर यात्रा करना
अंतरिक्ष में यात्रा करने से बड़ा कर्म है
क्योंकि अंतरिक्ष का कोई रंग नहीं
जबकि धरती के रंगों का बहुत बड़ा मर्म है
औ' इस धरती से प्यार करना
जीवन का सबसे सुखद कर्म है
जिस तरह आप
एक नवजात शिशु से प्यार करते हैं
अपनी शरारती बहन से मनुहार करते हैं
देर से आने वाली प्रेमिका का इन्तज़ार करते हैं।
मेरी ढलती उम्र का
यह सबसे बड़ा दुख है
मैं यह धरती किन भरोसेमन्द हाथों को सौंप जाऊँ
किन्तु यह निश्चित है मैं यह धरती
किसी महादेश के महावैज्ञानिक को नहीं सौंपूँगा
जो इस धरती से प्यार नहीं करता
केवल इसका इस्तेमाल करता है।

मृत्यु-गंध

मृत्यु-गंध कैसी होती है
यदि जानना चाहते हो
तो
मेरे पास आओ
बैठो
थोड़ी देर में जान जाओगे
मृत्यु-गंध कैसी होती है
वह एक ऐसी ख़ुशबू है
जो लम्बे बालों वाली
एक औरत के ताज़ा धुले बालों से आती है
तब आप उस औरत का नाम याद करने
लगते हैं
लेकिन उसका कोई नाम नहीं
वह केवल अपने बाल खोलती है
और आप
हमेशा-हमेशा के लिए
उसके बालों की ख़ुशबू में
विलीन हो जाते हैं
आप उस औरत को कभी देख नहीं सकते
जैसे आप मेरे पास बैठे हैं
और वह अपने
बाल खोल रही है।

नरभक्षी वृक्ष

एक आदमी का मन जंगल बन गया
और उसमें एक विशालकाय वृक्ष उग आया
दैत्याकार शाखाओं वाला वृक्ष
वनस्पति-विज्ञान कोश में उसके बारे में
कोई जानकारी नहीं

वैज्ञानिक खोज में लग गए
और अख़बारों के पृष्ठ भर गए
वह वृक्ष दुनिया में फैलता गया
प्रयोगशालाओं में
शोधकर्ताओं के दिमाग़ों में
और फिर...और फिर...
सैनिक-शिविरों में
युद्ध के मैदानों में
हथियार बनानेवाले कारख़ानों में

लेकिन उस आदमी का क्या बना
जिसके मन में जंगल उग आया था
उस बारे में
हर कोई ख़ामोश है

केवल युद्ध के मैदानों से
उसके रोने की आवाज़ आती है
और पूरी मानवता का

महाद्वार खटखटाती है
'मैं जानता हूँ
मेरे मन में जंगल किसने उगाया था
उस विष-वृक्ष की लकड़ी से पहला हथियार
किसने बनाया था।'

लेकिन यह सब इतिहास की बातें हैं
आदमी के विवेक की काली रातें हैं
अब तो सवाल है
मशाल जलाने का
दुनिया से नरभक्षी वृक्ष मिटाने का।

गालियाँ

फ़ैक्टरी के मालिक ने
मेरे बेटे को गालियाँ दीं
हरामख़ोर...
सूअर की औलाद
कुत्ते...कमीने
और न जाने क्या-क्या
मेरा बेटा सुनता रहा
रोता रहा...

अब मैं अपने बेटे को गालियाँ दे रहा हूँ
उसने मालिक को
बराबर की गाली क्यों नहीं दी
क्यों वह
मेरी ढलती उम्र
बीमार माँ
और स्कूल में पढ़ते भाई
के बारे में सोचता रहा
और रोता रहा।

पर्व

पुस्तक मेले में लड़कियाँ
रंग-बिरंगे कपड़ों में
मुझे
रंग-बिरंगी झंडियों की तरह लगीं
लेकिन
यह मेरा दुख है
मैं किसी झंडी को अपने साथ नहीं ले जा सकता
और किसी उत्सव-पर्व में नहीं सजा सकता
क्योंकि बहुत जल्दी ही
एक शोक-पर्व मनाया जाएगा
जिस रोज़ एक घर की खिड़कियाँ बन्द होंगी
और कुछ आँखें नम होंगी
और तीन लोग अपने तकियों में सुबक रहे होंगे
और ज़ाहिर है, कुछ लोग बक रहे होंगे
साला शराबी-कबाबी था
बड़ा हाज़िर-जवाबी था।

लेकिन ये लोग ख़ूब जानते हैं
कि शोक-पर्व इन्हीं का दिया हुआ डर है
और मेरी कविता का बहुत बड़ा बल है
क्योंकि लाल रंग वाली
एक ख़ूबसूरत झंडी मेरे कविता-पर्व में
हमेशा लहराती रही है।
और मुझे एक आशंकित शोक-पर्व से
बचाती रही है।

वे दोनों

[एक परिचित प्रेमी युगल के प्रति]

अच्छा हुआ
वे दोनों
मेरे जीवन से ऐसे निकल गए
जैसे दो प्रेमी
पुस्तक-मेले में आएँ
और बिना कोई किताब ख़रीदे
केवल सूची-पत्र इकट्ठे करके ले जाएँ
लेकिन मेरा यह डर है
इसी तरह वे
एक-दूसरे के जीवन से चले जाएँगे
बिना एक-दूसरे की किताब को पढ़े हुए

क्योंकि उनके लिए
अभी तक जीवन
मात्र एक जिस्मों का मेला है
अक्षरों
शब्दों, वाक्यों
पुस्तकों का नहीं
जिनमें लोगों के दुख-सुख रहते हैं
मनुष्य के मन की प्रेम-कथा कहते हैं।

पहचान

यह जो सड़क पर ख़ून बह रहा है
इसे सूँघकर तो देखो
और पहचानने की कोशिश करो
यह हिन्दू का है या मुसलमान का
किसी सिख का या ईसाई का
किसी बहन का या भाई का।

सड़क पर इधर-उधर पड़े
पत्थरों के बीच में दबे
'टिफिन कैरियर' से
जो रोटी की गंध आ रही है
वह किस जाति की है?

क्या तुम मुझे यह सब बता सकते हो
इन रक्तसने कपड़ों, फटे जूतों, टूटी साइकिलों
किताबों और खिलौनों की क़ौम क्या है?
क्या तुम मुझे बता सकते हो
स्कूल से कभी न लौटने वाली
बच्ची की प्रतीक्षा में खड़ी
माँ के आँसुओं का धर्म क्या है
और अस्पताल में दाख़िल
ज़ख़्मियों की चीख़ों का मर्म क्या है?

हाँ, मैं बता सकता हूँ
यह ख़ून उस आदमी का है

जिसके टिफिन में बन्द
रोटी की गंध
उस जाति की है
जो घर और दफ़्तर के बीच
साइकिल चलाती है
और जिसके सपनों की उम्र
फ़ाइलों में बीत जाती है

ये रक्तसने कपड़े
उस आदमी के हैं
जिसके हाथ
मिलों में कपड़ा बुनते हैं
कारख़ानों में जूते बनाते हैं
खेतों में बीज डालते हैं
पुस्तकें लिखते, खिलौने बनाते हैं
और शहर की
अँधेरी सड़कों के लैंप-पोस्ट जलाते हैं

लैंप-पोस्ट तो मैं भी जला सकता हूँ
लेकिन
स्कूल से कभी न लौटने वाली बच्ची की
माँ के आँसुओं का धर्म नहीं बता सकता
जैसे
ज़ख़्मियों के घावों पर
मरहम तो लगा सकता हूँ
लेकिन उनकी चीख़ों का मर्म नहीं बता सकता।

उसके हाथ

अपने स्कूली दिनों में मैंने
एक अंग्रेज़ी फ़िल्म देखी थी
जिसमें एक ख़ौफ़नाक हाथ
रात के अँधेरे में
जाने कहाँ से आता है
किसी एक घर का
दरवाज़ा खटखटाता है
हत्याएँ करके चला जाता है
पूरे शहर में आतंक है
लोग घर का दरवाज़ा खोलने से डरते हैं
यहाँ तक कि—
रात गए किसी के घर कोई मेहमान आता है
तो दरवाज़ा खटखटाकर लौट जाता है
बस इतना याद है।

इसके बाद फ़िल्म में क्या होता है
यह जानने के लिए
स्मृतियों के गलियारों में भटकता हूँ
उस हाथ का अन्त याद करने की कोशिश करता हूँ

यह जानना बहुत ज़रूरी है
क्योंकि इन्हीं दिनों
एक राजपुरुष ने घोषणा की है
उसके हाथों के साफ़-शालीन दस्तानों के नीचे

वह अपने पंजे जिस दिशा में बढ़ाएगा
दूर-दूर तक कोई दुश्मन नज़र नहीं आएगा
मैं और मेरे साथी उस राजपुरुष के सबसे बड़े दुश्मन हैं
सबसे पहले वह अपने पंजे हमारी तरफ़ बढ़ाएगा
हमारे घरों में सफ़ेद आतंक फैलाएगा
हमें ज़िन्दा नहीं छोड़ेगा
हमारे जिस्मों को नोच-नोच खाएगा
इसलिए मैं रात-रात भर नहीं सोता हूँ
स्मृतियों के जंगल में भटकता हूँ
स्कूली दिनों में देखी
फ़िल्मवाले हाथ का अन्त
याद करने की कोशिश करता हूँ।

रास्ता किधर को है

मैंने राह चलते
फ़क़ीर से पूछा—
मेरा रास्ता किधर को जाता है
फ़क़ीर ने कबीर-दोस्त की मुद्रा में जवाब दिया—
यह रास्ता तो बरीमाम को जाता है—
'मैं बरीमाम में जनमा था
वहीं मिट्टी हो जाऊँगा।'
बरीमाम की मिट्टी से ख़ूबसूरत चिराग़ बनते हैं
जो लोग
अपने घरों में जलाते हैं
उनके घर रोशनी से दिपदिपाते हैं
लेकिन वे
इस मिट्टी का नाम नहीं जताते हैं
अगर तुम्हारे जिस्म में
बरीमाम की मिट्टी की थोड़ी-सी भी गंध है
तो ज़ाहिर है
तुम्हारा रास्ता बरीमाम को जाता है
जहाँ मिट्टी होने के बाद
तुम्हारा एक मज़ार बनाया जाएगा
औ'
एक ऐसा चिराग़ जलाया जाएगा
जो इस तरह जलेगा
जैसे दीवा सारी रात बले
दीवा जब बलता है

तो चिनाब का पानी उछलता है
चिनाब को इन्तज़ार है
एक दिन दीवों की एक बहुत बड़ी बारात आएगी
उसका ब्याह रचाएगी
तो
मैं चिनाब के उद्दाम पानियों में
एक फ़क़ीर शायर को दूल्हा बनाकर
बारात लेकर जाऊँगा
औ' एक ऐसा दीया जलाऊँगा
कि
चिनाब शान्त हो जाएगी
और तुम्हें बताएगी
कि तुम्हारा रास्ता किधर को जाता है
बरीमाम की तरफ़
या
उन घरों की ओर
जहाँ
बरीमाम की मिट्टी से बने चिराग़ तो जलाते हैं
लेकिन लोग
उस मिट्टी का नाम लेने से कतराते हैं।

चीख़

मैं किसी किरपान से मरूँ
किसी त्रिशूल से
या पुलिस की गोली से
लेकिन
मरने से पहले
मैं ज़रूर चिल्लाऊँगा—
मज़हब ही है सिखाता
आपस में बैर रखना
आदमी को
त्रिशूल या किरपान में बदलना!

मैं चिल्लाऊँगा—
मज़हब अफीम की ऐसी गोली है
जो इन दिनों
एकदम बन्दूक़ की गोली बन जाती है
जो दनदनाती हुई आती है
पार्क में खेल रहे बच्चों
छँटनी मज़दूरों
रिक्शाचालकों
राशन की दुकान पर खड़े लोगों को
लहूलुहान कर जाती है
मज़हब एक भद्र गाली है
जो हर धर्मग्रंथ में
पाक़ीजगी के नकाबों में छिपी रहती है

और
कभी आरती
कभी कलमा
कभी अरदास बनकर
आम आदमी की पवित्र प्रतिज्ञाओं में
घुसपैठ कर जाती है
ताकि वह उस दुनिया को बदल ना पाए
और गालियाँ बुदबुदाते हुए
एक नर्कनुमा ज़िन्दगी में रीत जाए।

निद्राचोर

[आतंकवादियों द्वारा मारे गए एक मित्र के नाम]

जब तुम मेरे साथ थे
मेरे आसपास थे
मैं समझता था
मैं एक मुक्त आदमी हूँ
और मैं जाड़े की धूप को
इस तरह समझता था
कि जैसे—
सूरज सिर्फ़ हम दोनों के लिए निकलता है
कि हम झील पर जाएँगे
दुनिया के दुख-सुख बतियाएँगे
वे दुख-सुख
जो एक पंजाबी औरत के बालों की तरह लम्बे होते थे
जो कभी हँसते थे
कभी रोते थे
लेकिन वह औरत
तुम्हारे ग़रीब सपनों को समझ नहीं पाई
औ' जब समझ पाई
तुम्हारे सपने बहुत अमीर हो चुके थे
और तब तक
हम बहुत खो चुके थे
और एक दिन तुम्हारी आवाज़ भी—
'कुमार विकल उठो
हमें अभी दिल्ली जाना है

और वहाँ से
लम्बे बालों वाली
पंजाबी औरत के लिए बहुत कुछ लाना है
लेकिन दिल्ली जाने से पहले
मैं एक प्याला चाय पीना चाहूँगा
तुम्हारी खिड़की से आ रही धूप के संग जीना चाहूँगा।'

किन्तु दोस्त
तुम
अब उस खिड़की का ग़लत इस्तेमाल कर रहे हो
मेरे कमरे में
धूप की जगह अँधेरा भर रहे हो
हर रात
मेरे कमरे में एक दुःस्वप्न की तरह आते हो
मेरी अधजगी रातों से
मेरी बची हुई नींद
चुरा के ले जाते हो

अपने इस प्रिय निद्राचोर के प्रति
एक नास्तिक की यह प्रार्थना है
वह अपने प्रियजनों की नींद
चुराने वाली अपनी प्रिय आदत को छोड़ दे
मुझे भी मुक्त करे
और ख़ुद भी मुक्त हो जाए।

क्षति

शहर में संगीत-सम्मेलन होगा
ख़बर अख़बार में थी
लेकिन ऐसी कोई शर्त न थी
शहर का एक पियक्कड़ कवि
संगीत-सम्मेलन में नहीं जाएगा
और मीरा मार्कण्डेय के क़िस्से
मीनाक्षी मुखर्जी को नहीं सुनाएगा

मीरा मार्कण्डेय का तक़ाज़ा है
सहचर संगीत-सम्मेलन में आएँ
अर्ध-निमीलित आँखों से
कुमार गंधर्व को सुनें
गायन के समापन पर
तालियाँ पीटें
और अपनी-अपनी कारों में
घर लौट जाएँ

हाँ, सच
बीच में मध्यान्तर भी होगा
उस समय आप खा-पी सकते हैं
बतिया सकते हैं
और कुछ समय के लिए
संगीतेतर ज़िन्दगी बिता सकते हैं
मसलन, संस्कृति सचिव दिलीप बनर्जी से

कार्यक्रम के बारे में
सरकारी राय पूछी जाएगी
और तब
मीरा मार्कण्डेय ही दिलीप बनर्जी को
राय बताएगी

कुछ निम्न रुचि के लोगों के साथ
संगीत-सम्मेलन की क्षति होती है
और तब
पहले दिलीप बनर्जी मीरा को
एक अँधेरे कोने में ले जाता है
पहले कुछ फुसफुसाता है
और कुमार गंधर्व का भजन
एक ठहाके में बदल जाता है
शायद दिलीप बनर्जी मीरा को कोई
लतीफ़ा सुना रहा हो

लेकिन सारी प्रक्रिया में
क्षति किसकी होती है
कुमार गंधर्व की
संगीत-सम्मेलन के प्रायोजकों की

पियक्कड़ कवि अपने दोस्त को बता रहा है
क्षति तो केवल उस बच्चे की हुई
जो इस शीत लहर में
आज बहुत कम कारें साफ़ कर पाया है
और अपना प्रिय भजन भी
ठीक से नहीं सुन पाया है।

शुभकामनाएँ

मैं भेजना चाहता हूँ
नये वर्ष की शुभकामनाएँ
दिसम्बर की उजली धूप की
बची-खुची सद्भावनाएँ
किन्तु कौन स्वीकार करेगा
मेरे उदास मन की भावनाएँ
क्योंकि मेरे प्रियजन जानते हैं
आजकल
मैं निराश मन हूँ
हताश तन हूँ।

रात भर बहुत कम सोता हूँ
सुबह अख़बार पढ़ने के बाद
ग़ुसलख़ाने में अक्सर रोता हूँ
दिसम्बर की गुनगुनी धूप को
अख़बार की ख़तरनाक ख़बरें
जनवरी की बर्फ़ीली रातों में बदल देती हैं
और अपने छोटे भाई के लिए
स्वेटर बुन रही बहन से
सलाइयाँ छीन लेती हैं।

ख़ैर, मैं नये वर्ष की शुभकामनाएँ
उसी बहन को भेजता हूँ
जो अपने भाई का स्वेटर पूरा करने के लिए

नई सलाइयाँ खरीद लाती है रेहड़ी मार्केट से
और मन ही मन कितने घुर्रे गिराती है
कितने घुर्रे उठाती है
मैं अपनी शुभकामनाएँ ज़रूर भेजूँगा
किन्तु उसे कभी नहीं बताऊँगा
उसका भाई अब कभी नहीं आएगा
और उसके हाथों से बनी स्वेटर को
कभी पहन नहीं पाएगा
क्योंकि वह अब
न दिल्ली में
न पंजाब में है
न भोपाल में
न किसी दंगे में
न किसी ज़हरीली गैस के मृत्यु-जाल में
और न ही नये वर्ष की
शुभकामनाओं के इन्तज़ार में

फिर भी मैं अपनी शुभकामनाएँ
उस लड़की को भेजता हूँ
जो लोगों के दुख सुनती है
और सुख बुनती है
भोपाल के हमीदिया अस्पताल में एक डॉक्टर है
मरीज़ों की आँखों पर
पट्टी बाँधती एक नर्स है
जिसकी आँखों में एक नीहार भरा तर्क है
जिन्हें उनका एक समकालीन
नये वर्ष की शुभकामनाएँ नहीं भेजना चाहता
वह सिर्फ़ चाहता है
कि वे अपने ग़ुसलख़ानों को टटोलें।

यात्रा

घर से यात्रा पर निकला
अपने सारे दुखों को
एक सन्दूक में बन्द कर
कंधों पर विश्वासों का एक झोला धर
यात्रा से लौटूँगा तो
झोला सुखों से भरकर लाऊँगा
घर-परिवार, प्रियजन
गली-मुहल्ले के लोगों में बाँटूँगा
लेकिन जब
यात्रा से लौटकर
घर आया
झोला ख़ाली का ख़ाली था
हाँ, दुखों के सन्दूक़ को
पहले से कहीं अधिक भारी पाया
लेकिन मैं ये दुख
अकेले ही क्यों सहूँ
सन्दूक को आराम से खोलूँगा
और सारे अतिरिक्त दुख
घर-परिवार, प्रियजन
गली-मुहल्ले में बाँट लूँगा।

घर वापसी

मैं अपने घर लौटूँगा
मेरे घर के आँगन में
जो पचपन वर्ष का बूढ़ा पेड़ है
उसके पाँव के पास
एक नन्ही कोंपल उगी है।

मैं अपने घर लौटूँगा
उस कोंपल को
अपने शेष जीवन-जल से सींचूँगा
और एक दिन वह कोंपल
बड़ी होगी
मेरे सामने तनकर खड़ी होगी
उसकी दूधिया-धवल हँसी
सारे घर को हर्षाएगी
अपनी सोनली सुगन्ध
पूरे परिवेश गें फैलाएगी।

मैं अपने घर लौटूँगा
औ' अपनी ज़िन्दगी की बची हुई ऊन से
एक नन्हा 'पुलओवर' बनाऊँगा
जो समय के साथ
एक ऐसा 'पुलोवर' बन जाएगा
जिसे दुनिया का हर बच्चा
पहन पाएगा

औ' 'घर' शब्द को
शब्दकोश से निकालकर
एक लोकशब्द बनाएगा।
मैं अपने घर लौटूँगा
पचपन वर्ष के कवि वृक्ष में
जो कविता उग रही है
उसे सँभालने के लिए
सँवारने के लिए

मैं अपने घर लौटूँगा
एक उपले की तरह दमकूँगा
एक दीये की तरह जलूँगा
घर-आँगन में किलकारियाँ भरती
नदी के जल को आलोकित करूँगा।

मैं अपने घर लौटूँगा
आत्मप्रवास के अकेलेपन से
मुक्त हो जाऊँगा
क्योंकि
मेरे घर के आँगन में
मेरे पचपन वर्ष के पहले की एक नन्ही-सी दुनिया
किलकारियाँ भर रही है
पूरे घर-परिवार, परिवेश को
एक अपनापे से भर रही है।

सन्दूक़

उसके पास स्मृतियों का एक सन्दूक़ था
जिसमें से वह नित-नये
बिम्ब निकालकर लाता
अपनी कविताओं में सजाता
मस्ती में घूमता
अपने प्रिय परिंदों की तरह चहचहाता
परिंदे
जिनमें से कुछ
अब प्रवासी हो गए हैं
और जो अभी
इस शहर में रहते हैं
बहुत ऊँची उड़ानों में खो गए हैं
अब—
वे अपने पंखों से नहीं
अपनी कारों में उड़ते हैं
पंखों से उड़नेवालों का उपहास करते हैं
इन्हीं दिनों एक प्रवासी परिंदा
शहर में लौट आया है
अपने साथ एक अभिजात मुखौटा भी लाया है
जिसे देखकर
उसने फ़ैसला कर लिया है
अब वह किसी अभिजात परिंदे से प्यार नहीं करेगा
और अतीत-मुक्त हो
अपने सन्दूक़ में
भविष्य से ग़रीब सपने भरेगा।

दुख

दुख लड़ने के लिए
एक बहुत बड़ा हथियार है
जो पहले
पानी की भाषा में
आदमी की आँखों में आता है
और फिर
हाथों की धरोहर बन जाता है
पानी के पत्थर बनने की प्रक्रिया
आदमी के इतिहास से पहले का इतिहास है
किन्तु अब
यह प्रक्रिया
आदमी के इतनी आसपास है
कि दुखी क्षणों में
वह
पानी से एक ऐसा हथियार बना सकता है
जो दुखों के मूल स्रोतों को
एक सीमा तक मिटा सकता है।

स्वर्ण मंडित सींगोंवाला बैल

औ' बूढ़े बैल
गुज़रा हुआ ज़माना
याद करने की कोशिश मत कर
कोशिश मत कर
याद करने की
उस बैल को
जो बूढ़ा होने से पहले
तुम्हारा दोस्त था
तुम्हारे साथ
शराब पीता था
शतरंज खेलता था
और
हमेशा जीतता था,
वह बैल
जो तुम्हारे संग नरमा बीजता था
सोना उगाता था
जिसे कहते हैं मिट्टी
उसे सोना बनाता था
सोना बैल के सींगों पर मढ़ा जाता है
उसकी सुरक्षा का एक दुर्ग गढ़ा जाता है

औ' बूढ़े बैल
तुम्हारे दोस्त के सींग
स्वर्ण मंडित हो चुके हैं

जबकि
इस समय
तुम्हारा बायाँ सींग
सबसे अधिक रक्षित है
क्योंकि
तुम्हारे दोस्त का दायाँ सींग बहुत ही सुरक्षित है।

मशालें

प्रियजन जो कभी मशालों की तरह जलते थे
धीरे-धीरे बुझ रहे हैं
औ' मेरे इर्द-गिर्द
जो रोशनी के अनेक घेरे थे
दुश्मन अँधेरों के आगे झुक रहे हैं
नहीं, यह कभी नहीं हो सकता
मैं इन मशालों को फिर से जलाऊँगा
चाहे, मैं ख़ुद होम हो जाऊँगा।

एक अमीर सब्ज़ी

आलू-मटर की सब्ज़ी
ग़रीब पंजाबी की सबसे अमीर सब्ज़ी

ग़रीब आदमी
जब सफ़र पे जाता है
चार पराँठे
और आलू-मटर की सब्ज़ी
ज़रूर साथ में ले जाता है
लेकिन जब घर वापस आता है
किसी धर्मशाला
या सराय में खाई हुई
आलू-मटर की सब्ज़ी का स्वाद
अपने साथ ज़रूर वापस लाता है

किन्तु आजकल ज़रूरी नहीं
ग़रीब आदमी सफ़र पे जाए
और
आलू-मटर की सब्ज़ी का स्वाद
घर लौट आए।

एक सुख

एक सुख
हज़ार दुखों के सामने बहुत बड़ा है
दुखों की अँधेरी कोठरी में
एक छोटा-सा सुख टिमटिमाता है
तो ऐसा लगता है
मेरे सामने दुनिया का सबसे बड़ा सुख खड़ा है
दुनिया की सबसे बड़ी निओन लाइट की तरह
एक कमरे-रसोई वाले घर जैसा
जिसका दरवाज़ा
कोई सूदख़ोर नहीं खटखटाएगा
और सूद न देने पर
मेरी पत्नी की सिलाई मशीन
उठाकर नहीं ले जाएगा
वह सिलाई मशीन
जिस पर एक गुलाबी फ्राक सीती हुई
उसकी नज़र हमेशा
अपनी बच्ची की
थिगली भरी क़मीज़ पर रहती है
वह क़मीज़
जो सूख चुके आँसुओं की भाषा में
दुखों की एक लम्बी कहानी सुनाती है
वह क़मीज़
जो साढ़े पाँच मीटर पुरानी साड़ी से
निकाली गई होने के बावजूद

बिलकुल नई नज़र आती है
लेकिन पुरानी साड़ी
और उसमें से निकाली गई
नई क़मीज़ के दुखों में कितना अन्तर होता है
यह वही आदमी बता सकता है जो इन दिनों
रात-रात भर नहीं सोता है
जो अब न हँसता है
न रोता है।

मृत्यु-द्वार

दुनिया की सबसे ख़ूबसूरत
औरत के बाद
यदि कोई ख़ूबसूरत चीज़ है
वह है केवल मृत्यु
मृत्यु जो हमें
परियों के संसार में ले जाती है
तरह-तरह के जादूगरों से मिलाती है
जादूगरों का वह संसार
अद्‌भुत होता है
वहाँ आदमी
किसी वक़्त भी मर सकता है
और दुबारा जी भी सकता है
मैं उस जादूगर की तलाश में हूँ
जो मुझे सिर्फ़ मृत्यु-द्वार तक ले जाए
और फिर वापस ले आए
जहाँ दुनिया की सबसे ख़ूबसूरत
औरत
मेरा इन्तज़ार कर रही हो।

महाअन्धकार तक

जब से वह लड़की
मेरी कविताओं में आने लगी है
वह मुझसे कतराने लगी है
जैसे कविता में उसका
कुछ ऐसा खो जाएगा
जो कभी वापस नहीं आएगा

वह लड़की नहीं जानती
वह मेरी कविताओं में
कुछ क्षणों के लिए आती है
औ' अपने लम्बे बालों की
ख़ुशबू छोड़ जाती है
उस ख़ुशबू पर
एक कवि को इतना ही अधिकार है
जितना
हवा, पानी, धूप, धरती, आकाश का
प्रियजनों, घर-परिवार
दोस्तों के घरों का
संगीत के स्वरों का।

यह ख़ुशबू
महाअन्धकार के महाद्वार तक
मेरे साथ ज़रूर जाएगी
और उसके बाद

सहज ही लौट आएगी
हवा, पानी, धूप, धरती, आकाश में
प्रियजनों, घर-परिवार
दोस्तों के घरों में
संगीत के स्वरों में।

अनिद्रा-रोग

आधी रात गए
जब मैं जागा
एक बदहवासी में
सड़क पर भागा
सड़क सो रही थी
नहीं, शायद
धीमे-धीमे रो रही थी
कोई दुर्घटना हुई होगी कल
जिससे टूट गया होगा
कंकरीटी सड़क का आत्मबल।

कितना अजीब वक़्त है
आदमी की बनाई हुई सड़क रो रही है
आदमी की संवेदना सो रही है
सड़क पर हुई दुर्घटना से अनजान
जैसे उसे
बिलकुल नहीं है
बीते दिन की घटनाओं का ज्ञान।

अनिद्रा-रोग कितनी बड़ी सुविधा है
हो जाती है
एक संवेदनशील सड़क से
जान-पहचान।

आठवाँ रंग

तुम्हारी आँखों में
रंगों का एक जंगल है
जिसमें मैं
एक रंग-अन्वेषी—
जुगनू-सा टिमटिमाता हूँ
उस रंग को तलाशता
जो श्यामला और गौरवर्ण
के बीच का रंग होता है
जब मेरे पास कोई नहीं होता
जो मेरे संग होता है

तुम्हारे बालों में
एक जंगली घोंसला है
जिसमें एक शहरी परिंदा
आवास करता है
औ' जब भी तुम
उस परिंदे से कोई घाव पाती हो
तो मेरे पास आती हो
मैं तुम्हारा उपचार करता हूँ
क्योंकि
इसमें मुझे आठवाँ रंग मिलता है।

आओ पहल करें

[ज्ञानरंजन को सम्बोधित]

जब से तुम्हारी दाढ़ी में
सफ़ेद बाल आने लगे हैं
तुम्हारे दोस्त
कुछ ऐसे संकेत पाने लगे हैं
कि तुम
ज़िन्दगी की शाम से डर खाने लगे हो
औ' दोस्तों से गाहे-बगाहे नाराज़ रहने लगे हो
लेकिन, सुनो ज्ञान!
हमारे पास ज़िन्दगी की तपती दोपहर के धूप-बैंक की
इतनी आग बाक़ी है
जो एक सघन फेंस को जला देगी
ताकि दुनिया ऐसा आँगन बन जाए
जहाँ प्यार ही प्यार हो
और ज्ञान!
तुम एक ऐसे आदमी हो
जिसके साथ या प्यार हो सकता है या दुश्मनी
तुमसे कोई नाराज़ नहीं हो सकता
तुम्हारे दोस्त, पड़ोसी, सुनयना भाभी, तुम्हारे बच्चे
या अपने आपको हिन्दी का सबसे बड़ा कवि
समझने वाला कुमार विकल

कुमार विकल
जिसकी जीवन-संध्या में अब भी

धूप पूरे सम्मान से रहती है
क्योंकि वह अब भी धूप का पक्षधर है
प्रिय ज्ञान
आओ हम
अपनी दाढ़ियों के सफ़ेद बालों को भूल जाएँ
और एक ऐसी पहल करें
कि जीवन-संध्याएँ
दोपहर बन जाएँ।

चालाक आदमी के पक्ष में

मैं एक बहुत चालाक आदमी हूँ
क्योंकि मैं अब
चालाकी के सिवा
कुछ नहीं कर सकता
चालाकी मेरा सबसे प्रिय कर्म है
मेरा एकमात्र धर्म है
और मैं यह धर्म
इस तरह निभाता हूँ
जैसे तोता-मैना का क़िस्सा सुनाता हूँ
तोते ने मैना से कहा
मैना ने तोते से कहा
तोता-मैना के क़िस्से की
समकालीन व्याख्या करना ही मेरी कमाई है

जी, यह मेरे हाथ की नहीं
ज़बान की सफ़ाई है
ज़बान की सफ़ाई के लिए
किसी मंजन की ज़रूरत नहीं
सीमित शब्दों का एक शब्दकोश चाहिए
उसका कोई भी एक शब्द
अपनी ज़बान पर लगाइए
और एक चालाक आदमी बन जाइए
मैं इस शब्दकोश का
सम्पादक हूँ
इसलिए चालाक आदमी का पक्षधर हूँ।

चिड़िया

चिड़ियों के बारे में कविता
लिखना एक सहज बात नहीं है
परिंदों के बारे में कविता
लिखने से पहले
सालिम अली से मिलना
या उसकी पुस्तकें पढ़ना बहुत ज़रूरी है
क्योंकि वही आपको बता सकता है
कि कौन-सी चिड़िया आपसे
दोस्ती करती है
और कौन-सी दुश्मनी
वरना साधारण आदमी की
उम्र यह बात जानने में बीत जाती है
कि कौन-सी चिड़िया दोस्त होती है
कौन-सी चिड़िया दुश्मन होती है।

पंछी और पानी

कौन देस से आए ये पंछी
कौन देस को जाएँगे
क्या-क्या सुख लाए ये पंछी
क्या-क्या दुख दे जाएँगे
पंछी की उड़ान औ' पानी
की धारा को कोई सहज समझ नहीं पाता
पंछी कैसे आते हैं
पानी कैसे बहता है
अगर कोई समझता है भी
मुझको नहीं बतलाता है।

कौन सुनता है उसके अकेलेपन को

माता-पिता
भाई-बहन
सब आवाज़ों के खँडहर से लगते हैं
उन खँडहरों में
उसकी चीख़
कोई नहीं सुनता
कोई नहीं सुनता
उसकी विश्वास भरी चीख़ को

आएगा, आएगा एक दिन ज़रूर
उसका नियुक्ति-पत्र
तब सारा घर हर्षाएगा
आवाज़ों का उत्सव होगा
पिता के कपड़ों का रंग उजला जाएगा
माँ की साड़ी का पैबन्द नज़र नहीं आएगा
भाई-बहन के स्कूली बस्ते
नई किताबों कॉपियों से भर जाएँगे
किन्तु अब
उसका अकेलापन
कोई क्यों नहीं सुनता।

एक छोटा-सा समुद्र
[नरेंद्र ओबराय के नाम]

मैं उसके बारे में
एक ऐसी कविता लिखना चाहता था
जैसे एक अनाम अनोखी नदी के बारे में
जो कभी बहुत उद्दाम थी
किन्तु अब शान्त हो गई है
लोग कहते हैं, कि—
नदी सो गई है
आख़िर सो रही नदी को सपने तो आते होंगे
अपने पहाड़ पिता
या समुद्र प्रेमी के बारे में
ऐसा क्यों नहीं हो सकता
उसके बारे में कविता लिखने से पहले
उस अनाम नदी को कोई एक नाम दे दें
और उसके सपनों को परिभाषित कर लें

शायद उस नदी का सपना था
वह एक छोटा-सा समुद्र बन जाए
ताकि उस पर कोई कवि
एक कविता नहीं
महाकाव्य ही रच पाए

अब मैं एक छोटे-से समुद्र के बारे में
एक महाकाव्य लिखूँगा
जिसे
मैं एक स्वप्नशील नदी को समर्पित करूँगा।

भूत-यात्रा

अपने बढ़े हुए रक्तचाप में
अनिद्रा-रोग से पीड़ित
बिस्तर में छटपटाते हुए
रात बिताने से बेहतर है
आदमी एक शराबी भूत बन जाए
और रात-रात भर
उन सम्भ्रान्त लोगों के
शयनकक्षों में मँडराए
जो अनिद्रा-रोग के काँटे
उसकी चेतना में उगाते हैं
उसके रक्तचाप को बढ़ाते हैं

अनिद्रा-रोग में
अपनी असफलताओं और अपमानों की
भट्टी में झुलसने से बेहतर है
आदमी ख़ुद एक भूत भट्टी जलाए
जिसमें सभी कपटवेषी नैतिकताएँ
अपमानों से बचने की कुटिलताएँ
सफलताओं की तरक़्क़ी में
और पूरे तंत्र की
प्रचलित पवित्रताएँ
एक के बाद एक भस्म हो जाएँ।

नींद

मैं शहर के घंटाघर की बूढ़ी घड़ी से
पूछता हूँ
दादी माँ
मेरी नींद का क्या बना
तुम उसे वक़्त की गोद में सुरक्षित
क्यों नहीं रख सकीं
यदि अब भी कोई लोरी तुम्हारे पास है
तो मुझे थोड़ी देर के लिए सुला दो
मैं अपने मुहल्ले के चौकीदार से
पूछता हूँ।

अगली उड़ान

मैंने अपनी अर्ध निद्रा में
दोस्तों, दुश्मनों, प्रियजनों
रंग-बिरंगी चिड़ियों, तितलियों, फूलों
शहरों, होटलों और सड़कों के नाम
स्वप्न भाषा में
जो पत्र लिखे हैं
यदि कभी लिपिबद्ध हो जाएँ
तो लोग जान जाएँगे कि—
लम्बे बालों वाली वह औरत कौन है
जिसके बालों से ऐसी
        सुगंध आती है
जो अपने मूक संकेतों से
        मुझे बुलाती रहती है

लेकिन
मैं उसके संकेतों को
        नज़रअन्दाज़ कर देता हूँ
क्योंकि मुझे एक प्रवासी
        परिंदे का इन्तज़ार है
जिसकी साँवली आवाज़
        मुझे बताएगी
कि मेरी अगली उड़ान किस दिशा में जाएगी।

असम्भाव्य

फिर मिलेंगे हम
इस आकाश के नीचे
ऐसी ही गुनगुनी धूप
और इसी रूप में
तुम 'पिंक कलर' की साड़ी पहनकर आओगी
और मैं
अपनी वही 'पुलओवर'
जिसमें मैं एक 'अंतरिक्ष यात्री' सा लगता हूँ

फिर मिलेंगे हम
अपनी प्रिय बातूनी मुद्रा में
हम बहुत-बहुत बतियाएँगे
फूलों को लतीफ़े
और रंगों को
कविताएँ सुनाएँगे
और
अख़बार की सभी ख़बरों को भूल जाएँगे।

एक बूढ़ी औरत से संवाद

उसने कहा
मैं इस वक़्त बहुत अकेली हूँ
आओ हम
साथ वाले पार्क में बैठकर
मूँगफली खाएँ
बतियाएँ—

तुम मेरे बेटे के बारे में कुछ नहीं जानते
लेकिन मेरा बेटा तुम्हें अच्छी तरह जानता था
मेरा बेटा कहा करता था
कि तुम्हें जाड़े की धूप बहुत अच्छी लगती है
पहाड़ी रजाई जैसी गर्म और गुदाज
जिसमें बैठकर तुम
अपने दुख बुनते हो
सीमित सुखों की सूची में से एक सुख चुनते हो
जिसे पाकर तुम एक अच्छी ज़िन्दगी बिताओगे
जैसे तुम्हारे पास एक बहुत स्वस्थ कविता होगी
और तुम
उसके लम्बे बालों में सुरक्षित एक रात आराम से
सो जाओगे

मेरा बेटा कहा करता था
वह आदमी
हर रात

नींद की गोलियाँ खाकर सोता है
हर सुबह
उसका पुनर्जन्म होता है
एक दिन की लड़ाई लड़ने के लिए
सुखों की एक और सूची तैयार करने के लिए
वे सुख
जो अँधेरे में
बैलों की आँखों की तरह दिपदिपाते हैं
जुगनुओं की तरह टिमटिमाते हैं

मेरा बेटा बचपन में
जुगनुओं को
दियासलाई की डिबियों में बन्द कर लेता था
जो बच्चे जुगनुओं को इस तरह सताते हैं
वे बड़े होकर
ज़िन्दगी में कभी सुख नहीं पाते हैं
केवल सुखों की सूचियाँ बनाते हैं

मेरे बेटे ने तुम्हारी कविताओं से चुनकर
सुखों की एक सूची बनाई थी
और छुट्टी के एक दिन
जाड़े की इसी तरह की धूप में
मुझे बड़े चाव से दिखाई थी
उस रात
मैं बिलकुल नहीं सोई थी
और उसकी सूची में
अंकित सुखों को बार-बार
याद कर बहुत रोई थी

एक क्लर्क और कविता का
कोई रिश्ता नहीं होता
यदि होता है
तो क्लर्क
दुखों की एक फ़ाइल लेकर

नींद की गोलियाँ खाकर सोता है
और अगली सुबह
उसका पुनर्जन्म होता है
दूसरों के सुखों की फ़ाइलें
निपटाने के लिए।

स्वप्न-घर

पहली बार
उन्होंने
मेरी पीठ पर
जलती सलाखों से आग की भाषा में
एक ऐसे देश का नाम लिख दिया था
जो दुनिया के किसी देश के नक़्शे में नहीं था

दूसरी बार
वे
कर्फ़्यू के अँधेरे में
फ़ौजी बैंड बजाते हुए आए
और एक धर्म-स्थल के निकट
मेरे शरीर पर दनदनाए

मैं नहीं जानती
यह कौन-सा धर्म-स्थल है
किसके लिए कितना पवित्र है
कितना प्यारा है?
मैं तो यही जानती हूँ
हर बार
मेरा शरीर ही हारा है

तीसरी बार मैं
एक रिफ़्यूज़ी कैम्प में हूँ

मैं यहाँ किसे ढूँढ़ने आई हूँ—
अपने शरीर को
या
उस घर-बार को
जिसके आँगन में
दो नौजवान पेड़ रहते थे
जिन पर सपनों के फल लगते थे
और पिंकी नाम की एक नन्ही चिड़िया
फुदकती, चहचहाती थी
लेकिन—
रिफ़्यूज़ी कैम्पों में
स्वप्न-घर नहीं मिलते
मिलते हैं—
सपनों के सिसकते हुए खँडहर
जले हुए पेड़
चिड़ियों के कटे हुए पर
फ़ौजी बैंड की धुनों में भटकता हुआ
एक अर्ध-विक्षिप्त औरत का आर्त स्वर...
—नहीं चाहिए मुझे कोई देश
कोई धर्म-स्थल
किसी धर्म का कोई पवित्र परिवेश।

मुझे लौटा दो बस
इस विशाल पृथ्वी पर
मैंने जो बसाया था
एक छोटा-सा स्वप्न-घर!

बस : दो कविताएँ

एक

कोई फ़र्क़ नहीं पड़ता
अमुक नम्बर बस
कहाँ से आ रही थी
और कहाँ जा रही थी
मुक्तसर से मुरादाबाद
या
इलाहाबाद से अहमदाबाद
फ़र्क़ तो उस समय पड़ता है
जब आदमी की रक्त-गंध
एक बदबू में बदल जाती है
और पुलिस के कुत्ते उसे सूँघने लगते हैं।

आख़िर रक्त की एक सीमा होती है
एक छोटे से झरने के पानी की तरह
वह एक समय तक बहता है
उसके बाद
सड़क-मुक्त हो जाता है।

पुलिस के कुत्ते खेत-खलिहानों में भटकते रहते हैं
नहर के पानी में तैरते हैं
लेकिन उस गोली की दुर्गंध तक कभी पहुँच नहीं पाते हैं।

वक़्त आ गया है
कि हमें बोलना होगा
यह सारा भेद खोलना होगा
आख़िर यह गोली कहाँ से आती है
जो सुगंध को दुर्गंध में बदल जाती है।

बहुत फ़र्क़ पड़ता है
अगर मैं कह दूँ
यह गोली उस कोठरी से आती है
जो पिछले चालीस सालों से बन्द है
औ' जिसके मालिक का विश्वास है—
कि उसे कोई नहीं पहचानता
और कोई नहीं जानता—
यह कोठरी कहाँ पर है
मुक्तसर के निकट
या मुरादाबाद में
इलाहाबाद के गली-कूचों में
या अहमदाबाद में।

यह कोठरी कहाँ पर है
बहुत लोग जानते हैं
लेकिन—
इस कोठरी को तोड़ने की
अपनी ताक़त को बहुत कम पहचानते हैं।

दो

कितनी अजीब घटना थी
सड़क पर खड़ी
एक बस सिसक रही थी
ऐसे—
जैसे एक अबोध बच्चा
किसी दुर्दान्त घटना को समझ नहीं पाता है

औ' प्रियजनों के प्यार-दुलार के बावजूद
केवल सुबकता रहता है।
बस को दुलारने वाला कोई नहीं
वह चुप नहीं हो रही है
निरन्तर सिसकती जाती है
जैसे बच्चा दुलारने के बावजूद
चुप नहीं हो पाता
अपने माता-पिता के हाथों, आवाज़ों
का इन्तज़ार करता रहता है।

बच्चों की तरह सिसकने वाली बस भी
इन्तज़ार कर रही है
अपने माता-पिता के हाथों, आवाज़ों का
शाम लाल ड्राइवर की
और शाम सिंह कंडक्टर की।

धूप-धर्म

आजकल मेरे लिए
शाम की धूप
इस तरह खड़ी रहती है
जैसे कोई बीमार बच्ची
जीवन-रक्षक दवाइयों की इन्तज़ार में हो।
धूप
जिसने पचास बरस पहले मेरे पाँव चूमे थे
और निरन्तर अब भी चूमती आ रही है।

लोगों के लिए पचास बरस
एक लम्बा अरसा होगा
लेकिन मेरे लिए तो कल की बात है।
यह धूप मेरे साथ वजीराबाद में थी
रावलपिंडी, लुधियाना, जालंधर, दिल्ली
और फिर चंडीगढ़!

यह धूप अब भी बहुत खिलंदड़ी है
जबकि वह इस शताब्दी की तरह ढल रही है
और लगातार प्रश्न करती रहती है।

उसकी प्रश्न-भरी चिन्ता है—
'एक काला सूरज बनने से पहले
वह अपनी आख़िरी किरण
कहाँ पर बिताएगी

या ख़ुद ही एक नया सूरज बन जाएगी
या किसी और ब्रह्मांड में चली जाएगी'
लेकिन इस धूप को कौन समझाए—
वह एक ऐसे सौर परिवार में रहती है
जहाँ एक किरण के सो जाने का अर्थ
काला सूरज बनना नहीं होता
धूप का ढलना तो उसका धर्म है
और अनन्त किरणों को जन्म देना
सूरज का कर्म है।

नदी माँ

पहाड़ पर आकर
कवि को ताप हो गया है
किन्तु हर्षित नदी
कोई लोकगीत गा रही है
जैसे पर्व मना रही है।
कवि गीत को समझ नहीं पा रहा है
केवल ताप में बुड़बुड़ा रहा है—
माँ, ओ नदी माँ!
मुझे थोड़ा-सा बल दो
मेरी सूख रही जिजीविषा को जल दो।

माँ!
तुमने अपने रास्ते
कई बार बदले हैं
एक बार और बदल लो
आज की रात
तुम मेरे कक्ष में बहो
मेरे अंग-संग रहो।
सुबह मैं पुनर्जिजीविषत हो
शहर को लौट जाऊँगा
जहाँ तुम्हारी पुत्रवधू औ' पौत्र
प्रतीक्षारत होंगे

माँ! लोकगीत मत गाओ
हर्ष न मनाओ

मेरे ताप-तल्प तक चली आओ
मुझे लोरियाँ सुनाओ

...तभी कवि के कानों में
एक पहाड़ी आवाज़
मंत्र-भाषा में बुदबुदाती है—
नदी गा नहीं रही है
वह तो प्रार्थनारत है
एक बार फिर रास्ता बदलकर
अपने पाहुन पुत्र के पास आ रही है।

स्मृति और सुगंध के बीच

कितना सुखद लगता है
दफ़्तर की फ़ाइलों से लड़ते हुए
अचानक
पोठोहार के जंगली फूलों को याद करना
जैसे बचपन की स्मृतियों को सूँघना...
...स्कूल की आख़िरी घंटी का इन्तज़ार करना
खेतों में तीतर-बटेरों को पकड़ना
बेरियों पर चढ़ना-उतरना
तोतों की तरह
खट्टे-मीठे बेरों को चखना
बरीमाम* के मेले से लौट रहे
गबरू जवानों की लोकतानों को सुनना
और बहुत दूर-दूर तक
उनकी करांचियों** के पीछे भागना
बूढ़ी सकीना की मुर्ग़ियों के अंडे चुराना
और आधी रात तक
क़ब्रिस्तान में
जग्गा डाकू के क़िस्से सुनना-सुनाना
और उन परियों की कल्पना करना
जो हमारे एक जमाती की माँ के
गोरे-चिट्टे हाथ-पाँवों में

---

* रावलपिंडी (अब पाकिस्तान में) के निकट एक गाँव
** एक विशेष प्रकार की बैलगाड़ी

रात चुपके से मेहँदी लगा जाती थी
उस जमाती के घर के
नित नये बहानों से
चक्कर लगाना
औ' उस मेहँदी की महक को
अपनी किताब में बन्द कर
अपने घरों में ले आना

कितना सुखद लगता था तब
अपने घर की दीवारों को
इस तरह की कल्पनाओं से महकाना।

कितना अच्छा लगता है अब
स्मृति और सुगंध को
समानार्थक शब्द समझना।

दुखद लगता है बस
स्मृति और सुगंध के बीच
सन् सैंतालीस का आ जाना
और तब
आग नाम से जुड़ी
हर चीज़ से घबराना।

एक पत्र

निरुपमा दत्त मैं बहुत उदास हूँ
तुम यह शहर छोड़ चुकी हो
फिर भी मैं तुम्हारे आसपास हूँ
तुम्हारी हर दुख-घड़ी में
तुम्हारे सीमित सुखों की हर कड़ी में।

इस पत्र में
मैं तुम्हारे दुख नहीं दुहराऊँगा
केवल उन सुखों के बारे में जानना चाहूँगा
जो तुम
अब तक
दिल्ली-जैसे क्रूर शहर में पा सकी हो।
और मैं अपने दुखों की तफ़सील भी नहीं बताऊँगा
जो मैंने
तुम्हारी ग़ैरहाज़िरी में कमाए हैं
और अभी तक किसी को नहीं सुनाए हैं
नीरू, मैं नहीं जानता
तुम्हें यह नया शहर कैसा लगता है
लेकिन मैं इतना ज़रूर जानता हूँ
तुम अपने सारे दुख
एक पोटली में बन्द कर
जान-पहचान के लोगों की महफ़िलों में
जाती हो
हँसती-चहचहाती हो

बहुत से लतीफ़े और मेरी कविताएँ सुनाती हो
और रात गए
जब
अपनी बरसाती में लौटकर आती हो
अपने दुखों की पोटली खोलकर बहुत रोती हो
और रात-रात भर बिलकुल नहीं सोती हो
उस वक़्त
कुछ सस्ती क़िस्म की सिगरेटें ही तुम्हारा सहारा होती हैं
या चंडीगढ़ की कुछ सुखद यादें
एक माँ
एक भाई
जो 'ट्वन्टी सेवन डाउन'* में यात्रा
करने के फ़ैसले कई बार कर चुका है
यदि तुम चाहती हो
तुम्हारा भाई इस गाड़ी में कभी नहीं बैठे
तुम चंडीगढ़ लौट आओ
ताकि हम तीनों
बहुत से हमकलम लोगों से मिलकर
दुखों को कम करने के लिए लड़ सकें।

* रमेश बक्शी के उपन्यास पर आधारित एक फ़िल्म